Inhaltsverzeichnis

1 Soziales Drama — ein Gattungstyp?

'Das' soziale Drama als Gattungstypus zu definieren, birgt dieselben Aporien wie jeder systematische Versuch, einer bestimmten Dichtungs*form* ein inhaltlich spezifizierendes Epitheton zuzuordnen ('politische' Lyrik; 'Gesellschafts'roman): Was ist das spezifisch Inhaltliche an einer bestimmten literarischen Form oder Gattung? Tritt der besondere inhaltliche Aspekt lediglich als stofflicher Kern oder auch in der Form zutage? Konkret auf unsern Typus bezogen: Was ist das Soziale am sozialen Drama? Was unterscheidet seine 'Sozialität' von der jeder Literatur?

1.1 Versuch einer systematischen Genrebestimmung

In Adornos griffig-dialektischer Definition ist Kunst die „gesellschaftliche Antithesis zur Gesellschaft, nicht unmittelbar aus dieser zu deduzieren" (Ästhetische Theorie, S. 19). Ihr Doppelcharakter besteht darin, autonom und 'fait social' zu sein (vgl. Ästhetische Theorie, S. 16). Das soziale Drama implizierte, dies beim Wort genommen, soziale Äußerlichkeit auf Kosten der Autonomie; es hieße, die nach Adorno strukturelle „Trennung von der empirischen Realität" (um im Kunstwerk ein Sein 'zweiter Potenz' zu konstituieren, vgl. Ästhetische Theorie, S. 14) tendenziell aufzuheben. In der Tat scheint hier das prinzipielle Dilemma des sozialen Dramas zu liegen: Es neigt zu gesellschaftlicher Unmittelbarkeit, was den empirischen Gehalt, die formale Gestaltung (Sprache, Dialekt) wie die Intention und Wirkung anbelangt. Die Direktheit des politischen Anspruchs, in soziale Verhältnisse qua Kunst einzugreifen, wird in jeder politischen Dichtung zum Kriterium, an dem sich, ausgesprochen oder unausgesprochen, die ästhetischen Geister scheiden. „Im sozialen Drama sind die Zustände meistens im Hinblick auf ein zu realisierendes Ideal und deshalb kritisch und tendenziös gezeichnet. Insofern die Tendenz nicht immer in der Form aufgeht, kann dieses Merkmal zur Klippe werden für die künstlerische Vollendung" (Dosenheimer, S. 5).
Auf einer ersten Ebene ist das soziale Drama *inhaltlich*, stofflich, thematisch festlegbar. Soziale Konflikte stehen im Zentrum (Asmuth handelt deshalb den Typus im Kapitel ‚Historische Konflikttypen' ab). Standes- oder Klassenschranken zeigen sich als befragbare, in Frage zu stellende Festlegungen einer nicht als naturgegeben hinzunehmenden sozialen Hierarchie. Soziale Gegensätze bestimmen inhaltlich und formal die Struktur (Handlung, Personen, Dialog etc.). Die soziale Wirklichkeit eines historischen Zeitpunkts ist nicht nur vermittelt erscheinender 'sozialer Untergrund', sondern formbestimmender Inhalt. Bezugspunkt ist stets die zeitgenössische Gegenwart des Autors, nicht z.B. aktualisierte Geschichte – das soziale Drama ist 'Zeitstück'.
Eine zweite Definitionsebene betrifft *Intentionalstruktur* und *Darstellungsweise*. Die Intention des sozialen Dramas ist immer Kritik einer gegenwärtigen schlechten Wirklichkeit. Diese vor Augen zu führen, bedarf es einer präzisen Realitätsbeobachtung und einer realistischen Darstellungsweise. Da inhaltlich stets ein soziales 'Oben' und 'Unten' zur Struktur gehört, richtet sich die Kritik auf dessen Verhältnis, meist auf Verhaltensweisen der sozial Höheren, der Herrschenden, Privilegierten. Das schließt aber die Kritik an den sozial Unterlegenen nicht aus, sondern u.U. sogar dezidiert ein (vgl. Lenz). Die intendierte Kritik zielt via Kritik auf Veränderung des Bewußtseins der Zuschauer und/oder der 'schlechten' Wirklichkeit selbst. Insofern ist dem sozialen Drama eine 'utopische Intention' eigen, die im Werk selbst meist nicht inhaltlich entfaltet ist. Sie ist aus der kritischen Negation allenfalls zu erschließen durch einen aktivierten Rezipienten: Utopie ex negativo.

Auf einer dritten Ebene schließlich ist das soziale Drama von der *Autor- und Publikums-Perspektive* her beschreibbar. Der Autorstandpunkt gegenüber seinem Gegenstand, dem sozialen Konflikt, ist der einer (häufig: kritischen) Solidarität mit der sozial unteren Schicht oder deren Repräsentanten. Diese Solidarität drückt sich zunächst einmal darin aus, daß der Autor eben diesen Stoff gewählt hat; sie zeigt sich in der 'sympathetischen' Gestaltung der Figuren. Sie ist aber in aller Regel (auch noch bei Wolf?) von der im Sozialistischen Realismus geforderten Parteilichkeit, vom 'Klassenstandpunkt' zu unterscheiden.[1]
Die Parteinahme des Autors ist nicht automatisch identisch mit der Werkintention: Autoraussagen können (z.B. bei Hauptmann) von der Werkabsicht divergieren, auf jeden Fall von der, die das jeweilige Publikum rezipiert. Die Zuschauerperspektive gehört aber zur Sozialität des sozialen Dramas: Es provoziert offensichtlich Parteinahme, Auseinandersetzung, Kritik, u.U. sogar Handeln.

1.2 Versuch einer historischen Begriffsbestimmung

E. Dosenheimer erfaßt unter der Signatur 'soziales Drama' auch das bürgerliche Trauerspiel, in dessen Entwicklung bis zum Sturm und Drang sie die zunehmende Unmittelbarkeit der sozialen Thematik herausarbeitet (vgl. Dosenheimer, S. 38). Im Gang ihrer Untersuchung sieht sie dann in Büchners ‚Woyzeck' die Inauguration eines neuen Typus des sozialen Dramas, der nicht mehr im Standesgegensatz sein tragisch-konstituierendes Element (vgl. S. 66) hat, sondern im Zwang des Ökonomischen, der insbesondere den vierten Stand beherrscht. Die historische Zäsur für den Beginn sozialer Dramatik, die den vierten Stand ins Zentrum stellt, liegt auch für Guthke – der dies ebenfalls im Zusammenhang des bürgerlichen Trauerspiels diskutiert – in den 40er Jahren des 19. Jahrhunderts (Beleg. H. Hettner, vgl. Guthke, S. 105). Konsequenterweise nennt Guthke unsern Dramentypus 'Proletariertragödie', die sich allerdings erst im Naturalismus ausprägt, in Büchners ‚Woyzeck' indes einen 'isolierten' Vorläufer hat.[2]
Die historische Stellung des sozialen Dramas zwischen bürgerlichem Trauerspiel und sozialistischer Dramatik präzisiert die stoffliche Ebene der systematischen Begriffsbestimmung: Nicht der generelle soziale Konflikt bildet den Inhalt, sondern der spezifische zwischen vier-

(1) Die Theorie des sozialistischen Realismus unterscheidet dezidiert 'bürgerliche' Formen der Parteinahme und 'sozialistische Parteilichkeit': „Mit dem Begriff 'sozialistische Parteilichkeit' erfaßt die Theorie des sozialistischen Realismus den ästhetischen Ausdruck der offenen und tiefen, zur persönlichen Überzeugung gereiften Übereinstimmung des Künstlers mit den gesellschaftlichen Zielstellungen, den Aufgaben und der revolutionären Praxis der marxistisch-leninistischen Partei der Arbeiterklasse. Diese Übereinstimmung bedeutet aktive Teilnahme am Kampf um die Verwirklichung des Sozialismus, sie schließt jede kontemplative Einstellung aus" (Zur Theorie des sozialistischen Realismus, S. 536f.). Damit ist implizit auch eine Abgrenzung des sozialen Dramas gegen das sozialistische gegeben – in der kommunistischen Kritik an Wolfs ‚Cyankali' spielt das eine Rolle.
(2) Für die Frage, inwiefern in eine Unterrichtsreihe Lenz' ‚Soldaten' – ein Stück, das gemeinhin als bürgerliches Trauerspiel verhandelt wird – aufzunehmen ist, ist die von Dosenheimer vermerkte 'Radikalisierung' der sozialen Thematik bei Lenz wichtig. Dazu heißt es auch bei Guthke: „Die soziale Situation [...], der die Personen seiner [Lenzens] Zeitstücke [!] zum Opfer fallen, ist die Trennung der gesellschaftlichen Sphären" (Guthke, S. 82). Die Differenz zu Schillers ‚Kabale und Liebe' liegt darin, daß in der ‚Luise Millerin' zur sozialen Thematik deutliche Verweise ins Religiöse und zur Theodizee treten (vgl. Guthke, S. 84f.). Interessant ist in diesem Zusammenhang, daß der Begriff des Bürgerlichen im Sturm und Drang einen deutlicheren soziologischen Akzent erhält, während er bei Lessing mindestens auch im Sinne von 'civilis', 'verantwortliches Mitglied eines Gemeinwesens', gebraucht wird, sowie 'privat, häuslich, familiär' im Gegensatz zum Geschichtlich-Politischen, Öffentlichen und Heroischen" (Guthke, S. 9; vgl. zum Begriff auch Weimar, in: DVJs 51, 1977).

tem Stand und Bürgertum; bei Lenz wohl 'noch' zwischen Bürgertum und Adel, mit deutlichem Aufweisen der Widersprüche im Bürgertum selber und dem Problem des sozialen Abstiegs. Zu berücksichtigen ist aber dabei, daß Autorsituation und -perspektive eine 'bürgerliche' ist. Nach Ziegler setzt sich das 'moderne Gesellschaftsdrama' gegen das das 19. Jahrhundert beherrschende Geschichtsdrama im Naturalismus durch, wo nun die Theaterbühne zum Forum wird, „auf dem die brennend umstrittenen und durchlittenen Probleme der Zeit zur öffentlichen Verhandlung kamen" (Ziegler, Sp. 2159, hier auf Ibsen bezogen). Dadurch, daß die moderne Dramatik „auf die objektive Gültigkeit und allgemeine Verbindlichkeit des Ethos der Humanität sowie [...] die grundsätzliche Fähigkeit des Menschen zu seiner Verwirklichung" (Sp. 2166) vertraut, steht sie in der Tradition des bürgerlichen Theaters seit der Aufklärung und ihrer Ideale der Autonomie, aber auch in der Konsequenz der Säkularisierung der Tragödie seit der Aufklärung, in der jeder transzendentale Sinnzusammenhang aufgegeben wird. Die 'Verbindlichkeit des Ethos der Humanität' aber wird nach der Aufklärung zunehmend ex negativo zu lesen sein, weil sich die gesellschaftlichen Verhältnisse der Verwirklichung von Humanität in den Weg stellen. Dies wird in den Dramenanalysen zu zeigen sein bis hin zu Wolfs 'proletarisch-revolutionärer' Kritik an der gesamtgesellschaftlichen Objektivität dieses Ethos.
Historisch erweist sich jedenfalls das soziale Drama als Genre bürgerlicher Kritik am Bürgertum – mit sozialen Verschiebungen bei Lenz und Wolf, die der jeweiligen historisch-gesellschaftlichen Situation entsprechen.

1.3 Abgrenzung gegen das Geschichtsdrama

Das soziale Drama ist Zeitstück, in dem direkt die gesellschaftlichen Konflikte der jeweiligen geschichtlichen Gegenwart gezeigt werden. In dieser Identität und Gleichzeitigkeit von sozialer Situation und literarischer Fiktion unterscheidet es sich vom Geschichtsdrama. Ein Vergleich mit diesem vermag einige strukturelle Eigenarten des sozialen Dramas zu erhellen. Die beiden Typen gegeneinander abzugrenzen, liegt deshalb nahe, weil aus heutiger Rezeptionssicht in beiden historische Gegenstände literarisch verarbeitet werden.

1.) Das Geschichtsdrama[3] handelt von Vergangenheit und meint die Gegenwart. Die literarische Suche nach historischer Wahrheit ist nicht Selbstzweck, sondern Mittel der gegenwartsbezogenen Aussageabsicht. Aktualisierung ist damit integrales Moment.
Das soziale Drama handelt von Gegenwart und meint Gegenwart. Es spricht nicht, indem es Vergangenes aktualisiert, sondern direkt. Aktualität ist nicht Resultat des literarischen Aktes und des Verstehensprozesses, sondern Moment des literarischen Stoffs.

2.) Gegen die intentionale Objektivität des Historikers steht im Geschichtsdrama die historisch orientierte Subjektivität des Dramatikers. Die Stoffwahl und -auswahl bedingt bereits dessen subjektives Vorverständnis (und umgekehrt) und damit seine Sinnvorgabe: Er gibt im Drama „Antwort auf die Geschichte" (Hinck, S. 13).
Gleiches gilt für den Autor des sozialen Dramas. Ihm geht es nicht um 'intentional objektive' Wiedergabe von Fakten, sondern er antwortet subjektiv aus einer feststellbaren Perspektive auf die sozialen Probleme, die er auswählt.

---

(3) Die folgenden Begriffsbestimmungen des Geschichtsdramas beziehen sich auf Hinck, S. 7ff. und Keller, S. 298ff.

3.) Im Geschichtsdrama wird die völlige Amalgamierung von Stoff und Konzeption zum Wertungskriterium: Wo das Historische bloßes Kolorit oder das Literarische bloße Hülle wird, wird das Geschichtsdrama trivial (Mantel- und Degenstücke etc.) und büßt seinen Wahrheitsgehalt ein.
Grundsätzlich besteht eine ähnliche Gefahr für das soziale Drama: Es tendiert zum nur noch politisch, nicht ästhetisch zu bewertenden Tendenzstück, wo sich der kritische Impuls zum reinen Appell verselbständigt; andererseits bekommt das Soziale ornamentalen Charakter, wo es nicht mit der Form vermittelt wird, sich in ihr 'sedimentiert'.

4.) Diese Sedimentierung geschieht beim Geschichtsdrama in dem, was Hebbel „poetischer Logarithmus" nannte – im Prinzip des Exemplarischen. Eine generelle Einsicht, bewegende Kräfte der Geschichte werden am partikularen Ereignis, an konkreten Personen festgemacht. Intendiert aber wird mit dem Einzelnen Allgemeines: Entschlüsselung geheimer oder verschleierter Antriebskräfte der Realgeschichte. Durch Aufzeigen des Typischen, des Konstanten, des Musters werden die Stoffe aus ihrer punktuellen Aktualität gelöst und „in modellhaften Konstellationen" (Keller, S. 329) konzentriert. Daher eignet dem Geschichtsdrama eine Tendenz zu Modell und Parabel.
Wohl soll auch im sozialen Drama am Individuellen ein allgemeiner Mißstand gezeigt werden – der auf der Bühne dargestellte Einzelfall vertritt etwas gesellschaftlich Allgemeines. Da aber die Vermittlung über eine erst zu aktualisierende Vergangenheit fehlt, erstrebt das Zeitstück keinerlei Parabelcharakter, ja, ein solcher würde gerade seiner Unmittelbarkeit widersprechen. Statt des Modellhaften wird das sozial Verallgemeinerbare auf zwei Wegen 'garantiert': zum einen durch eine Tendenz zum 'Kollektiven' (die Figuren werden weniger durch individuelle Eigenheiten als durch ihre Gruppenzugehörigkeit definiert: 'die' Soldaten, 'die' Weber, 'wir arme Leut', 'die' Arbeitslosen); zum andern durch eine Tendenz zum 'Dokumentarischen', zur Verarbeitung eines aktuellen Vorfalls (vgl. die Zeitungsdokumente bei Wolf, die teils wörtlichen Übernahmen aus Webergeschichten bei Hauptmann, die Anlehnung an den Leipziger Kriminalfall bei Büchner, die Verarbeitung der authentischen Mesaillance Baron von Kleist – Cleophe Fibich bei Lenz). Während der Geschichtsdramatiker seine historischen Quellen subjektiv aktualisierend seiner Zeit anverwandelt, vermittelt der soziale Dramatiker über seine Quellen Authentizität.

5.) Jedem Geschichtsdrama von Rang eignet eine eschataologische, geschichtsphilosophische Dimension: ein utopisches Moment. Es „legt das unverwirklichte Emanzipationspotential frei" (Keller, S. 333). Der vergangene und der gegenwärtige Zustand werden „so miteinander verknüpft, daß im Geschichtlichen die Gegenwart zu einem vertieften Verständnis ihrer selbst und zugleich zu einem Ungenügen an sich selbst gelangt, aber auch zu einem Bild oder zur Ahnung möglicher Zukunft" (Hinck, S. 14).
Diese geschichtsphilosophische Dimension fehlt dem sozialen Drama. Es ist radikal im Gegenwärtigen verwurzelt und drängt auf Gegenwärtiges, hat aber seine Utopie darin, daß es dieses verändern will. Insofern steht auch hinter dem sozialen Drama ein geschichtsphilosophisches Axiom: Geschichte als prinzipiell durch Menschen gemachte und veränderbare zu begreifen.

6.) Mit der Gegenwärtigkeit des sozialen Dramas hängt ein bühnentechnischer Aspekt zusammen, der für jedes Theaterstück gilt: die Eigenwirklichkeit der Bühne, die jedes Geschehen im Augenblick der Aufführung sinnlich gegenwärtig macht, 'präsentiert'. Der Zuschauer erhält, im Unterschied zum Leser, den Einblick in die fiktionale Welt nicht nur im 'Medium der Vorstellung', sondern auch im 'Medium der Wahrnehmung' (vgl. Hinck, S. 16); er erhält die „Illusion des Dabeiseins" (ebd.). Der so erzeugte ästhetische Schein ist solange unproblematisch, als er nicht „dem Zuschauer die Distanz nimmt, wenn die Einladung zur Identifikation eine Einladung zur genießerischen Hingabe wird" (ebd.). Mit anderen Implikationen besteht diese Gefahr auch beim sozialen Drama, wenn der heutige Rezipient ohne Kenntnis der zeitgenössischen Rezeptionsbedingungen die soziale Attacke als inzwischen historisches Exotikon aufnimmt. Die Gegenwärtigkeit des Bühnengeschehens hat dann gerade den Umkehreffekt, die 'Überholtheit' des dargestellten sozialen Problems zu zeigen, die dem Typus eigene Aktualität gerade als zeitgebunden, als nicht mehr zu- und betreffend auszuweisen. Der von heute aus sozialhistorische Gegenstand gerät damit in eine historische Voyeursperspektive, erweckt wird allenfalls indifferentes Interesse; das soziale Drama fiele damit seiner eigenen unmittelbaren Gegenwärtigkeit zum Opfer. Dieser Sachverhalt ist gerade im Deutschunterricht in Rechnung zu stellen, weil Schüler allzu schnell 'historisch' mit 'nicht mehr zutreffend' gleichsetzen. Deshalb ist die historische Distanz explizit deutlich zu machen (z.B. durch die zeitgenössiche Rezeption/Wirkung), die dann erst, weil die Zeitgebundenheit der Aktualität durchschaubar wird, Fragen nach Veränderungen, Weiterentwicklungen des sozialen Problems, nach dessen heutiger Aktualität erlauben. Für historisches wie für soziales Drama gilt, „daß die zur Anschauung gebrachte Geschichte ihren Sinn so lange nicht herausgibt, solange wir sie nicht als ein Weiterwirkendes verstanden haben, solange wir nicht erkennen: nostra res agitur" (Hinck, S. 19). Historische Distanzierung verhindert schließlich „das bekannte Defizit an politisch-sozialem Denken in unserer Geschichte" (Keller, S. 301): die Zeitprobleme ins Überzeitliche, anthropologisch Konstante, Allgemeinmenschliche zu befördern und zu entschärfen. Gerade ein Genre wie das soziale Drama vermag dem in der Schule entgegenzuwirken und historisches Denken qua historischer Interpretation auszubilden.

7.) In der konkreten Rückbindung der Interpretation an Geschichte und Literaturgeschichte wird dann auch eine fundierte literarische Wertung möglich. Die Exzeptionalität der ‚Soldaten' und des ‚Woyzeck' zeigt sich erst dann, wenn ihre radikalen thematischen und formalen Innovationen, ihre 'Modernität' in der Darstellung der sozialen Gegebenheiten und der Identitätsproblematik begriffen sind – auch im Vergleich zur 'relativen' Konventionalität des ‚Weber'- und ‚Cyankali'-Stücks. Während diese Dramen sozusagen im Trend der Zeit liegen, indem sie offen zutage liegende gesellschaftliche Mißstände aufgreifen und literarisch verarbeiten, sind ‚Die Soldaten' und ‚Woyzeck' dem allgemeinen Bewußtsein ihrer Zeit weit voraus, indem sie latente gesellschaftliche Strukturen und Entwicklungen präzise zur literarischen Anschauung bringen.

1.4 Formaspekte des sozialen Dramas

Unter formgeschichtlichem Aspekt sind klassischer tektonischer und realistischer atektonischer Dramentypus – dem letzteren ist das soziale Drama zuzurechnen – keine überzeitlichen Formkonstanten, sondern tendenziell einander historisch ablösende Formvarianten. Solange der Glaube „an eine überpersönliche und übergeschichtliche objektive und allgemeine Geltung menschlicher Vernunft und vernunfthafter Ideengehalte" (Ziegler, Sp. 2327) ungebrochen ist, findet dieser weltanschauliche Gehalt seinen formalen Ausdruck in der Generalisierungs- und Stilisierungstendenz des geschlossenen Dramentypus. Mit zunehmender Geltung empirischen Denkens und empirischer Fakten, mit der 'Entgötterung' der Welt, dem neuzeitlichen Säkularisierungsprozeß, mit dem Einfluß der Naturwissenschaften, der Psychologie etc. bildet sich ein realistischer Dramenstil heraus, der den Bereich der dramatis personae vervielfacht, die dingliche Ausstattung der Bühne präzisiert und soziologisch fixiert und die Dramensprache verändert. Gerade im offenen sozialen Drama nähert sie sich immer mehr den empirisch erfaßbaren sozialen Sprachbereichen an, gewinnt ihren Realismus aus der Übernahme von Milieusprachen, Dialekten, Soziolekten. Sie opfert allerdings für diese Authentizität spezifische ästhetische Valeurs (Vers, gehobener Stil, 'Schönheit').

Vor dem Hintergrund der hier nur angedeuteten historischen Genese des offenen Dramas verlieren Klotz' systematische Bestimmungen den Makel des Ahistorischen. Aus seinen Formmerkmalen ergeben sich (immer noch) fruchtbare Kategorien zur (unterrichtlichen) Analyse des sozialen Dramas. Das offene Drama gibt das Ganze in Ausschnitten, Totalität im Fragmentarischen wieder. Handlung, Zeit, Raum, Personen, Komposition und Sprache – dies die zentralen Untersuchungsbereiche – sind nicht durch Einheitlichkeit, universelle Harmonie, Kontinuität, Allgemeinheit, Finalität gekennzeichnet wie im geschlossenen Drama, sondern durch *Vielheit* (Personen, Schauplätze, Innen-Außen, Sprachschichten), *Fragmentarisches* (abbrechende Szenen, unvermitteltes Einsetzen und Abbrechen der Handlung, Satzabbrüche etc.), *Diskontinuität* (kein Zeitkontinuum, totale, bewegungslose Gegenwart), *Punktualität* (Polyperspektive, spezielle Räume, Reichtum an Dingen, Autonomie der Einzelszene) und '*afinale Kreisbewegung*' (der Handlung, kreisende Variation, 'impersonales Es' als unnennbare Macht, Welt als Gegenspieler des Menschen). Das klassische „Drama ist primär. Es ist nicht die [sekundäre] Darstellung von etwas [Primärem], sondern stellt sich selber dar, ist es selbst" (Szondi, S. 16). Der Dramatiker ist deshalb im klassischen Drama abwesend, er hat den Dialog gesetzt, spricht aber nicht den Zuschauer an. Szondi hat in seinem geschichtsphilosophischen Essay vor dieser Folie des geschlossenen Dramas die Krise des modernen Dramas aufgezeigt. Indem nämlich in der Moderne – er exemplifiziert das an sozialen Dramen Hauptmanns – die realen gesellschaftlichen Fragen, Probleme, Fakten ins Bühnengeschehen eindringen, wird die absolute Selbstidentität des geschlossenen Dramas durchbrochen. „Der soziale Dramatiker versucht die dramatische Darstellung jener ökonomisch-politischen Zustände, unter deren Diktat das individuelle Leben geraten ist. Er hat Faktoren aufzuweisen, die jenseits der einzelnen Situation und der einzelnen Tat wurzeln und sie dennoch bestimmen" (Szondi, S. 63). Klotz' typologische Bestimmungen des offenen Dramas sind damit nochmals historisch festgemacht. Die Offenheit des Dramentypus ist die Konsequenz der Krise des klassischen Typus und formales Sediment des Eindringens einer problematisch gewordenen sozialen Realität ins Drama. Qua Form wird die nicht mehr einheitlich erfaßbare, entfremdete soziale Realität gezeigt; darin liegt der Sinn der Diskontinuität, des Fragmentarischen etc. Auch die klassische Trennung von Bühnenwirklichkeit und Publikum ist nicht mehr absolut, der Autor nicht mehr – bloß dialogstiftend – abwesend. Im Verweis auf die außerliterarische Realität (durch Milieusprache, Dokumente etc.) schafft der Autor sich echte oder vermeintliche Sprachrohre durch Personen oder Arrangements (z. B. kollektives Singen des 'Weberliedes'). Tendenziell fällt, was Brecht im epischen Theater perfektioniert, die 'vierte Wand' der Guckkastenbühne; der Zuschauer wird einbezogen.[4]

---

(4) Für die spontane Beteiligung des Publikums gibt Szondy ein sehr anschauliches Beispiel: Bei der Uraufführung von Hauptmanns ‚Vor Sonnenaufgang' schwang ein im Publikum sitzender Frauenarzt „seine Geburtszange in die Höhe [...], wohl zum Zeichen, daß er seine Hilfe anbieten wolle" (Szondi, S. 67).

2 Die Dramen

2.0 Methodische Bemerkungen zum Unterricht

Mit den vier im folgenden besprochenen Dramen kann im Deutschunterricht der Oberstufe in einem 'Projekt' zusammenhängend oder jahrgangsübergreifend gearbeitet werden. In jedem Falle empfiehlt sich die Ergänzung um ein geschlossenes Drama (z.B. Goethes ‚Iphigenie' oder, wenn genügend Zeit vorhanden, gar eine Tragödie des französischen Klassizismus) und evtl. ein Geschichtsdrama (z.B. Schillers ‚Wallenstein'). Eine wichtige literaturgeschichtliche Voraussetzung wäre auch die vorangehende Behandlung der Epoche Aufklärung.

Einige Grundfragen für die Behandlung sozialer Dramen, die aber auch auf andere literarische Werke transferierbar sind und deren Behandlung grundsätzliche Einsichten in Literatur vermitteln, tauchen immer wieder auf; sie können u. U. zusammen mit den Schülern zu Beginn, am Beispiel des Heinrich-Mann-Textes, erarbeitet werden: Wie hängen Literatur und Geschichte / soziale Realität inhaltlich und formal zusammen?
Welche inhaltliche Funktion haben formale Mittel eines literarischen Werks?
Welche Wirkungen zeigt das literarische Werk, wovon ist die Wirkung abhängig?
Unterscheiden sich Autor- und Werkintention, oder sind sie identisch? Wie verhalten sich Wirkungsabsicht und tatsächliche Wirkung / Rezeption?

Von der Dramenanalyse aus kann, mit wenigen Zusatzmaterialien (vgl. die gängigen Oberstufenlesebücher und Materialien) die dazugehörige Epoche erarbeitet werden (in der Reihenfolge der behandelten Dramen: Naturalismus, Vormärz, Sturm und Drang, Literatur der Weimarer Republik). Für Schülerreferate und zum Selbststudium ist in den Literaturangaben zum jeweiligen Dramenkapitel die Klett-Literaturgeschichte für Schüler angegeben.

Während der Dramenanalyse kann, gerade beim sozialen Drama besonders anschaulich, auch auf die Frage unterschiedlicher Interpretationsmethoden eingegangen werden. Die Materialienteile der ‚Editionen' (Klett) enthalten meist dazu Diskussionsmaterial; im folgenden ergänzen und durchdringen sich stets immanente und historische/soziologische Interpretation. Eine rein immanente Methode verweigern die sozialen Dramen selbst; auch darüber wäre zu diskutieren. Bei jedem Drama sind Einzelszenenanalysen vorgenommen; sie dienen im Unterricht auch der Vorbereitung auf den Interpretationsaufsatz.

Theaterbesuche oder mindestens Videoaufzeichnungen von Theaterinszenierungen sollten in jedem Fall den Unterricht anschaulich machen: Dramen sind keine Lesestücke, sondern auf die sinnliche Realisierung angewiesen (s. o.). Da die Theaterspielpläne kaum termingerecht unsere vier Stücke aufnehmen werden, kann man kontrastive Schauspiele (etwa eine klassische Tragödie) oder ergänzende (aus derselben Epoche oder z.B. ein Shakespearestück, vgl. die Shakespearetradition im offenen Drama) besuchen.

Die folgenden Dramenanalysen sind so angeordnet und aufgebaut, daß implizit ein möglicher Unterrichtsgang (hoffentlich) sichtbar wird, ohne daß ständig von 'dem' Schüler, diesen oder jenen Arbeitsformen gesprochen werden muß. In der dargestellten Dramenfolge ist das 'Projekt' unterrichtlich erprobt. Die Binnengliederung der Einzelkapitel ist als Gliederung einer Unterrichtseinheit zu verstehen. Andere Anordnungen liegen selbstverständlich im Belieben des Lehrer-Lesers. Die Strukturskizzen können, ohne daß darauf immer eigens hingewiesen wird, als Tafelanschriebe und/oder Arbeitsblätter verwendet werden. Vorschläge für Klassenarbeiten und/oder eine Jahresarbeit o.ä. finden sich am Schluß.

2.1 Einstieg in die soziale Dramatik: Satire

In Heinrich Manns 1884 erschienenem Roman ‚Im Schlaraffenland' ist von der Premiere des 'sozialen Dramas' ‚Rache' zu lesen, in Anspielung wohl auf Hauptmann. Als erster Diskussionstext einer Unterrichtsreihe zum sozialen Drama eignet sich diese Satire (in den Materialien zu Hauptmann: ‚Die Weber', Editionen, S. 37ff.), weil in ihr das Genre, seine Bühnenillusion und das Rezeptionsverhalten gleichermaßen attackiert und so grundsätzliche Fragestellungen wie eine kritische Folie gewonnen werden.
Das soziale Drama ‚Rache' wird in der satirischen Verzerrung als ein Schauerstück ersten Ranges offeriert, dessen Kraßheit vom großbürgerlichen Publikum ebenso vermerkt wird wie seine Nähe zur Trivialliteratur: die Memoiren eines Dienstmädchens – „Haß, Rache und Verzweiflung trieben mich auf die Bahn des Lasters" (S. 43, Z. 12f.). Die proletarische Parteinahme des Stücks wird durch die Schwarz-Weiß-Malerei (gute Proletarier – böse, verkommene Kapitalisten; „Schablonendenken [...] anstelle von Differenziertheit", Mahal, S. 124), die bänkelsängerische Klamaukhaftigkeit, die in einer Apotheose des Proletariats überhöht wird, ironisch gebrochen. Die eigentliche satirische Wirkung besteht in der Divergenz von Stückinhalt und Publikumsreaktion: Hier die Proletarier, mitleiderregende Gestalten, als sie zur Rache sich erheben – dort brillantenblitzende Theaterbourgeoisie. Die in der Bühnenillusion Angegriffenen sind die realen Theaterbesucher; aber die trifft die Attacke überhaupt nicht; sensationslüstern spenden sie Beifall dem Angriff auf sich selbst, weil – es Kunst ist, was sie da sehen: chice, modische, zeitgemäße Illusion, die zwar in ihren Bann zieht, aber folgenloser Kunstgenuß bleibt. Die soziale Divergenz wird mit hohlem, zeitlos-ästhetischem Geraune zugedeckt („michelangelesk"). Das sozial Niedere, das Elend etc. ist für die in der Fiktion gestürzte Bourgeoisie in der Theaterwirklichkeit jenes Exotikon, das 'man' mit Voyeurs-Erregung außerhalb jeder Betroffenheit hält: „[...] die Zuschauer erbebten in einem ungemein reizvollen Grausen" (S. 45, Z. 29ff.). Daß das „arcanum konventionell schöner Literatur zerschlagen" wird (Mahal, S. 117) im Naturalismus, ist hier bereits in die Rezeptionsgewohnheiten eingeholt; dem Schock des Krassen und Häßlichen ist der Stachel damit bereits gezogen. Durch die „hinreißende Echtheit" wird die dem realistischen Anspruch des Stücks gerade zuwiderlaufende Illusion erst perfekt: „Mehrere Proletarier, im letzten Stadium der Tuberkulose, schleppten zwei unverletzte Frauen unter viehischem Brunstgebrülle hinter das nahe Gebüsch. Die Damen in den Logen erhoben sich von ihren Sitzen, um über die Sträucher wegzusehen, vollständig überzeugt, daß hinter der Szene weitergespielt werde. Die Illusion war so stark, daß einige Empfindliche sich das Taschentuch vor die Nase hielten" (S. 45, Z. 37ff.). Insofern der Realismus der Darstellung die perfekte Illusion erzeugt, usurpiert er seine eigene Intention. Er läßt alle verblasenen bourgeoisen Kunstattitüden zu. Ein Weg von der Kunst ins Leben endet in den Theaterfauteuils. Die Institution Theater/Kunst wird, je mehr sie auf Realität pocht, schlechthin affirmativ.
Diese satirisch-kritische Gegenperspektive zum sozialen Drama problematisiert vorab: das Umschlagen von Realismus in Illusion, den Rezeptions-'faktor' der bürgerlichen Institution Kunst, die Frage nach den künstlerischen Mitteln, die dem sozialen Drama zur historisch dokumentierten Wirkung verhalfen.

2.2 Gerhard Hauptmann: ‚Die Weber' (1892)

2.2.1 Ausgangspunkt: der IV. Akt

Der stofflichen 'Unmittelbarkeit' des Weber-Dramas stehen Verstehensbarrieren gegenüber: Die Sprache – nicht nur der Dialektfassung, sondern auch noch der dem Hochdeutschen angenäherten – ist en détail nicht auf Anhieb verständlich, sondern eher der Spur nach; die

Fülle der Personen, v. a. des Weber-Kollektivs, ist nicht differenzierbar in Einzel-'Schicksale' oder gar Identifikationsfiguren; trotz der Akteinteilung ist kein logisch fortschreitendes Handlungskontinuum sichtbar, sondern in fast isolierten Einzelakten ein sich wiederholender Handlungsprozeß: Der Zuschauer „erlebt eine ununterbrochene Abfolge keineswegs 'dramatisch' geschürzter Vorgänge, eine [...] Stationenreihe, wie sie herkömmlich der Epik eignet" (Mahal, S. 94). Diese Verstehensschwierigkeiten gilt es, bei der Schullektüre zu berücksichtigen. Zum Einlesen bietet sich deshalb der IV. Akt an, in dem die sprachlichen Schwierigkeiten gering gehalten sind, da er im bürgerlichen Milieu von Dreißigers Haus spielt, wo gemäßigter Dialekt gesprochen wird; in dem wenige klar konturierte Personen auftreten, das Weberkollektiv aber nicht fehlt, und so der soziale Antagonismus des Stücks präsent ist; in dem schließlich die Problematik des Gesamtdramas enthalten ist – ansetzend bei der Perspektive der Herrschenden, was den Blick für die Perspektive der unterdrückten Weber selbst, die sonst das Stück beherrscht, schärft.
Der IV. Akt besitzt eine den übrigen Akten analoge Struktur:

1.) Die Handlung setzt unvermittelt an einem neuen Handlungsort, dem 'Privatzimmer' Dreißigers, ein. Expositionsähnlich wird im Gespräch zwischen Pastor Kittelhaus, Dreißiger und dem Kandidaten Weinhold der soziale Konflikt im Milieu des Bürgertums reproduziert – endend mit der Entlassung Weinholds, der sich lediglich soziologisch abstrakt für die Weber eingesetzt hat („Es existiert doch eine große Verschiedenheit in den Naturen.") (S. 44).[5] Daß der Kandidat die Weber rein rhetorisch vertritt, faktisch aber auf der Seite der Herrschenden bleibt, zeigt sich daran, daß er Dreißigers Sohn rettet, als sich die Situation zuspitzt (vgl. S. 52).

2.) Mit dem Polizeiverwalter Heide tritt die Staatsmacht auf den Plan. Damit erhält der soziale Konflikt seine politische Dimension. Dreißigers Eigenmächtigkeit (Festnahme eines der 'Hauptsänger'), sich Funktionen der Exekutive anzumaßen und dies mit dem allgemeinen Interesse zu legitimieren (vgl. S. 47), findet Heide 'ganz in der Ordnung' – einer Ordnung, versteht sich, zugunsten der ökonomisch Stärkeren, der Fabrikunternehmer. Daß Heide in „Kavallerieuniform mit Schleppsäbel und Sporen" (S. 47) auftritt und ein Exempel zu statuieren verspricht, hat weniger antizipatorische Funktion für den Truppeneinsatz zur Niederschlagung des Aufstandes als die Funktion, die in ihrer gesellschaftlichen Wirkung identische ständige Präsenz von Polizei und Militär als 'Herrschaftsinstrumente' zu zeigen.

3.) Der von Gendarm Kutsche festgenommene und vorgeführte Moritz Jäger bietet keineswegs das Bild eines Unterdrückten, Sprachlosen: Er „trägt eine freche Heiterkeit zur Schau", „steht [...] frei und frech" mit ironischem Lächeln da (S. 48). Er erscheint als der Typ des Aufwieglers, des selbstbewußten Revoluzzers; dies Bild verändert sich, als er „finster, wie ein geduckter Schuljunge" (S. 49) auf Kittelhaus' pastorale Vorhaltungen reagiert. Die tiefverwurzelte, irrationale und häufig handlungshemmende Religiosität der Armen zeigt sich hier in nuce; sie findet später in Hilse ihren konsequenten Repräsentanten.

4.) Heides militärische Anweisungen („vorwärts marsch! Ich reite voran [...]", S. 50) gelten noch nicht der Rebellion, sondern dem 'Ersticken im Keime'. Trotz des Webergeschreis 'von unten' wird die latente Rebellion noch nicht als kollektiver Vorgang begriffen. Dreißiger schlägt vor, Whist zu spielen, räsonniert dann über die (objektiven) Schwierigkeiten der

(5) Weil eine Nachdrucklizenz nicht zu erhalten war, ist das Drama in dem Editionenheft von Siegfried Hein nicht abgedruckt. Zitiert wird im folgenden nach der Ullstein-Ausgabe, die Hans Schwab-Felisch mit einem umfangreichen Essay zum Werk und einer breit angelegten Dokumentation versehen hat. Deren stoffliche Breite scheint mir für den Unterricht eher 'erdrückend' zu sein; deshalb beziehe ich mich bei den Materialien auf die für den Unterricht aufbereiteten gekürzten Texte bei Hein.

heimischen Industrie (Konkurrenz, Zölle) und weltfremde Humanitätsduselei. Pfeifers Auftreten und Bericht von Jägers Befreiung geben dem Akt seine 'Wendung': „Das wäre ja Revolution" (S. 51). Der von Kittelhaus hier verwendete Konjunktiv zeugt noch von der Verwunderung des Pastors, die geprägt ist von seiner 'christlichen' Ansicht, „die Webersleute wären ein demütiger, geduldiger und lenksamer Menschenschlag" (S. 50). Diese Einschätzung allein erlaubt es Kittelhaus, sich unter die Weber zu wagen, und relativiert entschieden das Heroische seiner Tat. Nicht für die Weber, sondern gegen sie will er „in Gottes Namen" sein „geistliches Amt", seinen „Respekt bei diesen Leuten" (S. 56) einsetzen. Weil die Weber dies durchschauen, wird er mißhandelt. Dreißigers Schlußwort bei seiner Flucht („Das wird sich ja finden [...]", S. 54) enthält die durchaus realistische Beurteilung des Aufstands als eines temporären, punktuellen Aufflackerns, nach dessen Erlöschen alles beim alten bleibt.

5.) Bisher wurde der Weberaufstand im IV. Akt eher indirekt, durch Blick aus dem Fenster (entspricht der Teichoskopie) und Berichte hinzutretender Personen (entspricht Botenbericht) dargestellt. Im Aktschluß erscheint er direkt auf der Bühne – im Kontrast zum vorangehenden 'brausenden Hurra' (vgl. S. 54), aber nicht als eruptive, selbstbewußte oder gar planvoll organisierte Aktion, sondern zögernd, tastend, 'schüchtern' und Sprachlosigkeit durch die Breite der Regieanweisung und durch Redefragmente andeutend. Nicht Revoluzzer vom Typ Jägers treten auf, sondern „die ärmlichen, mageren, teils kränklichen, zerlumpten oder geflickten Gestalten" (S. 55). Diese 'Jammergestalten' müssen erst ihre Schüchternheit in diesem unvertrauten luxuriösen Interieur überwinden, um dann, als sie das Opfer ihres Hasses, Dreißiger, nicht finden, blind zu demontieren. Die charakteristische Uneinheitlichkeit des Weberkollektivs, das Fehlen jeder politischen Strategie bzw. jeder über den Augenblick hinausgehenden politischen Motivation zeigt sich in der Trennung in Junge und Alte, die für das Gesamtdrama konstitutiv ist. Ein alter Weber bezeichnet die Aktion, obwohl er mitgekommen ist, als „Tollheet", in der kein Verstand ist (S. 55), als Untat, an der er sich nicht beteiligen will; Ansorge, dem bezeichnenderweise eine Art Schlußmonolog zufällt, vereinigt den Zwiespalt in sich: Seine Irritation und sein Schwanken dokumentieren sich in Abwehr *und* Beteiligung („Geht weg, ihr Rebeller!" und „Immer druff!", S. 56).

Im Prinzip enthält dieser Akt die wesentlichen Momente des Gesamtdramas:
– Die latente Präsenz des Aufruhrs wird zur offenen Revolte;
– Die Perspektive der Herrschenden und der Unterdrückten wird gleichermaßen dargelegt, beide in ihrer Zweifelhaftigkeit: Dreißigers Ignoranz und Phrasen auf der einen – die Blindheit, Bewußtlosigkeit und der Zwiespalt der Weber auf der andern Seite. Die Perspektive der Herrschenden enthält objektiv richtige Momente (ökonomische Situation durch Zölle und internationale Konkurrenz), sie wird aber entlarvt durch die karikaturistische Trennung von Privatem und Sozialem („Ich habe Gäste, und diese Schufte erdreisten sich", sagt Dreißiger zu Heide, S. 47). Kittelhaus, Heide, auch Dreißiger selbst, stehen für öffentliche Instanzen: Kirche, Staatsmacht, Unternehmertum. Die ersten beiden sind als Karikaturen gezeichnet, was ihre Unterwerfung unter die ökonomische Macht des Unternehmers um so deutlicher macht. Sichtbar ist dies übrigens auch in den Anredeformeln („Um Vergebung", „Verfügen Sie über mich"). Daß Dreißiger Heide mit „Ergebener Diener" begrüßt, erweist sich im Kontext als Floskel der höheren Gesellschaft; der Redegestus und das faktische Verhalten dokumentieren die Verfügbarkeit von Kirche und Staat durch die ökonomische Macht.
– Das Weberlied, als Leitmotiv des Dramas, erscheint im IV. Akt indirekt: durch die Verhaftung des 'Hauptsängers' Jäger. An seine Stelle tritt hier eine breite Palette von Geräuschen, die von „Kikeriki" (Hahnenschrei steht fürs 'Erwachen' der Weber) über Hundegebell (für Warnruf, Drohung) und Hurrageschrei bis zu dumpfen „Geräuschen einer gro-

ßen, versammelten Menschenmenge" (S. 52) reicht. Solche kindlichen, 'unpolitischen' Artikulationsformen entsprechen als dramaturgisches Mittel der Unsicherheit und dem Zwiespalt des Weberkollektivs.

Ausgehend vom IV. Akt sind Fragestellungen zu erarbeiten, die die unterrichtliche Behandlung leiten können: Wie sieht die Situation der Weber wirklich aus („arbeitsscheues Gesindel", wie Dreißiger, S. 47, 'demütig, geduldig', wie Kittelhaus meint)? Revolte oder Revolution? Was wird durch den Aufstand für die Weber anders? Wie könnte es weitergehen (Leseerwartungen)? Welche Vorgeschichte hat der Aufstand? Welche Ursachen, welche Anlässe gibt es dafür?

2.2.2 Struktur des Gesamtdramas

Im ersten und zweiten Akt des Dramas wird die reale Situation der Weber ausgebreitet. Der I. Akt läßt die Konfrontation Dreißiger / seine Subalternen – Weber wiedererkennen, die bereits zu sehen war. Während im II. Akt die Elendssituation der Weber 'vor Ort' direkt und drastisch vor Augen geführt wird, spielt der I. Akt in einem lediglich durch seine 'ökonomische' Funktion definierten Raum, dem nämlich, in dem die 'Löhne' ausgezahlt werden. 'Geld' als zentrales Motiv erscheint hier in drei Varianten: als der faktische, von Pfeiffer festgestellte, von Neumann ausgezahlte Lohn; in der subjektiven Bewertung durch die Weber als Almosen (vgl. S. 7 und 11); als existentiell notwendiger, stets abgelehnter Vorschuß. Daß ein solcher immer wieder erbeten wird, zeigt die Unangemessenheit des Lohnes für die tägliche Existenzsicherung, besonders, wenn Krankheiten etc. auftreten; andererseits einen circulus vitiosus, der die Verschuldung und die ökonomische Abhängigkeit vom Unternehmer verschärft. Die Lohnabhängigkeit der Weber wird zudem durch die stets präsente Drohung des Material- und Arbeitsentzuges, durch die beliebige Ersetzbarkeit des einzelnen („Weber hat's genug", S. 10) und durch die Neueinstellungen (Ende des I. Aktes) zu unausweichlicher, alternativeloser, existentieller Abhängigkeit von Fabrikantenwillkür gesteigert. Diese Abhängigkeit wird von Dreißiger durch phrasenhafte Scheinhumanität ideologisch verbrämt (vgl. die Episode um das Gustavl, S. 14f.). Sie wird aber auch in ihrer subjektiven Berechtigung für Dreißiger erklärt (Konkurrenz zwischen Leinwand- und Parchentwebern, S. 16, Maschinen, Zölle etc., Unternehmerrisiko). Aus der Sicht der Weber wird dieser Zustand der Abhängigkeit konkret als Verdinglichung auf den Begriff gebracht: „A Weber ist ock [= nur] ne Sache" (S. 8).

Aus den Gesprächen des ersten und der direkten Schilderung des zweiten Aktes sind die Dimensionen des Weberelends detailliert abzulesen: Krankheit (S. 9, 11, 20) v. a. auch der Frauen; Schlaflosigkeit wegen Tag- und Nachtarbeit und Schwäche (S. 10); „a Häufl Kinder" (S. 10), die nicht zu ernähren sind und bereits arbeiten müssen (S. 14f.); Hunger (vgl. Hundeschlachten des alten Baumert, S. 11,24; 14,19); miserable Arbeitsbedingungen: Staub, Hitze (S. 12), schlechtes Material (S. 11, 18); Mutlosigkeit, Hoffnungslosigkeit (S. 15); Kälte, kein Holz fürs Feuern, Strafen fürs Holzstehlen (S. 19); Teuerung, Hauszins, Grundabgaben (S. 25); schlechte, unwürdige Wohnverhältnisse (S. 14); Selbstmordgefahr (S. 15, 21); Angst, Wut, Verzweiflung, Schmerz, Haß (S. 19, 21, 28).

Auch wenn das 'Klischee' des königlichen Lebens der Reichen nicht fehlt (vgl. S. 26 die 'feudalistischen' Attribute 'Schloß', 'Palast', 'Spiegelscheiben'), so ist das doch nicht mit der bei Heinrich Mann kritisierten Schwarz-Weiß-Malerei gleichzusetzen: Es handelt sich hier um eine psychologisch begründete und empirisch subjektiv abgesicherte Sicht (vgl. S. 26). Sie wird als Resultat der realistisch dargestellten objektiven Situation der Weber und gerade durch den Kontrast zu Dreißigers Situationsbeschreibung im IV. Akt plausibel.

Das Drama setzt nicht mit der Darstellung der äußeren und inneren Nöte der Weber (II. Akt) ein, sondern mit der Lohnausgabe. Dadurch wird ein politisch-sozialer Akzent gesetzt: Die

ökonomische Abhängigkeit ist Ursache für soziales Elend, nicht Fehlverhalten, industrielle Rückständigkeit o.ä. Diese Aktanordnung enthält damit bereits soziale Interpretation.
In den beiden Anfangsakten ist die aus dieser Situation folgende Latenz der Revolte zwingend gegenwärtig: Ihr ungeplantes punktuelles Aufflackern zeigt sich in Bäckers Widerstand, die Latenz besonders deutlich in der „Bewegung unter den Webern, Flüstern und Murren" (Ende des I. Aktes). Insgesamt dokumentieren die Regieanweisungen eine Eskalation, die noch vor jeder Artikulierbarkeit im eher Versteckt-Gestischen sich vollzieht: Steht am Anfang des II. Aktes vor allem die Angst, so verändert sich die Haltung zu „Wut und Angst" (S. 21), Verzweiflung, Schmerz, Wut, Haß, Rachedurst" (S. 28) bis zu Baumerts „deliranter Raserei" (S. 29) und dem offen revoltierenden, aber noch weberintern verbleibenden Ausruf Ansorges am Aktende „Mir leiden's nimehr, mag kommen, was will" (S. 29).
Der III. Akt setzt, die soziale Frage durch den Reisenden von außen exponierend, ein und zeigt das soziale Umfeld der Weber: Handwerker, Bauern etc. In die Zuschauerperspektive wird die soziale Totalität gerückt; das verhindert jeden soziologischen Oben-Unten-Schematismus. Verdinglichung wie soziale Entfremdung der Weber wird in einem volkstümlichen Bild gefaßt: „Ma is wie a Griebsch [Kerngehäuse des Obstes, also ein bereits abgegessenes Obst], an dem alle rumfressen" (S. 36). – Mit dem Weberlied schlägt wiederum die Latenz der Revolte partiell um und erhält eine neue Qualität direkterer Konfrontation: Willigs handgreifliche Auseinandersetzung mit Gendarm Kutsche (vgl. auch seine Erinnerungen an die Französische Revolution, S. 40) und das gemeinschaftliche Singen des Liedes, das ein „Zeichen zum allgemeinen Aufbruch" (S. 43) begleitet.
Der letzte Akt schließlich spielt – wie der zweite – in einer Weberhütte, der Hilses. Wiederum steht am Anfang nicht die Rebellion, die am Ende des vorangehenden Aktes ja schon in Aktion war, sondern die hier christlich erduldete Not, kontrapunktiert durch Luise, die sich später als einzige Frau aktiv beteiligt.
Zusammenfassend läßt sich sagen: In jedem Akt der ‚Weber' wird die zunächst latent vorhandene zur offenen Rebellion (vgl. Jacobs, S. 231). Damit einher geht eine quantitative, aber keine qualitative Veränderung: Die Revolte ist nirgends ein voluntaristischer Akt politischer Überlegung oder Planung, sondern in den Verhältnissen angelegt, aus deren Druck sie 'aufflackert'. Ihre Ursache liegt in der ökonomischen und, davon abhängig, sozialen Situation der Weber, konkrete, den Aufstand aktuell begründende Anlässe gibt es eigentlich nicht; ihrer bedarf es angesichts der bedrückenden Totalität existentieller Not nicht. Daß dies so dargestellt wird, läßt die subjektiv nicht einmal unstimmigen Legitimationsversuche Dreißigers und seiner Schicht als Karikatur erscheinen, in der die herrschende Denkweise als Ideologie der Herrschenden entlarvt wird: als phrasenhaft, zynisch („Wer gut webt, der gut lebt" sagt ausgerechnet Pfeiffer, der, obgleich nicht wirklich zu ihnen gehörig, die herrschende Phraseologie völlig internalisiert hat, S. 10), und gerade da, wo sie von Humanität und Humanitätsduselei räsonniert, als zutiefst inhuman und a-christlich (vgl. S. 50f.).
Die Isoliertheit der Einzelakte und ihr analoger Aufbau haben ihre inhaltliche Funktion darin, daß damit immer wieder die Übermächtigkeit der ökonomisch-sozialen Situation, aus der die Revolte entspringt, ins Bewußtsein der Zuschauer 'gehämmert' wird (zur Frage, ob es sich um fünf Einakter handelt, vgl. Cowen, S. 192). Die Dominanz der Situation hat ihr Komplement im Formalen. Daß Revolte als unausbleibliches Moment der Webersituation gezeigt wird, macht die Frage nach Art, Effektivität, Organisationsgrad zum sekundären Problem. Die soziale 'Determiniertheit' des Aufstands klagt die prinzipielle Änderungsbedürftigkeit der sozialen Situation ein. Das ist vom Mitleidseffekt ebenso weit entfernt wie vom 'Elend in seiner klassischen Form' (Hauptmann). Am historischen Weberaufstand von 1844 festgemacht, wird die 1892 immer noch aktuelle Webernot vor Augen geführt und die faktische Veränderung als Notwendigkeit dorthin verlagert, wo sie stattfinden muß: außerhalb des Dramas, des Theaters, in der gesellschaftlichen Realität.

2.2.3 Dramatis personae

Ist in der Vielzahl der Dramenpersonen ein 'Held' auszumachen, eine Zentralfigur, ein Protagonist oder Ideenträger? Daß er, wenn es einen solchen gibt, nur aus der Gruppe der Weber stammen könnte, ergibt sich aus dem Bisherigen und aus dem Titel des Stücks. Ein einfaches 'Experiment' führt vor Augen, daß ein 'traditioneller Held' fehlt. Ohne Personenzuweisung seien beliebige Dialogpartien zusammengestellt:

1 A Weber is ock 'ne Sache (S. 8) [Erster Weber]
2 Meine liegt schon seit d'r Fastnacht krumm im Bette (S. 11) [Weber Heiber]
3 Wo eemal 's Armut is, da kommt ooch Unglicke über Unglicke (S. 11) [Baumert]
4 Es ist ein Gesicht in der Luft! Gesellet euch nicht zu den Reichen und Vornehmen! (S. 40) [Dritter alter Weber]
5 Nu die Tollheet! Da is doch kee Sinn und kee Verstand o nich drinne (S. 55) [Ein alter Weber]
6 Und dad'rbei gibt's Leute, Gerichtsschulzen, gar nicht weit von hier, Schmärwampen, die des's ganze Jahr nischt weiter zu tun haben, wie unsern Herrgot im Himmel a Tag abstehl'n. (S. 27) [Jäger]
7 Das is a schäbiges Almosen, aber kee Lohn (S. 11) [Bäcker]

Es dürfte schwerfallen, irgendeine Passage einer bestimmten Person zuzuordnen. Deutlich ist nur, daß immer Weber sprechen – auch da, wo der Sprecher eine eher individuell faßbare Gestalt wie der alte Baumert, Jäger oder Bäcker ist. Die Gemeinsamkeit liegt in ihrer Sprache, dem schlesischen Dialekt, der hier soziologisch fixierende Funktion besitzt. Das Nichtliterarische des Dialekts ist dabei als Spezifikum der Epoche zu sehen: „Die mimetische Reproduktion der Alltagssprache, welche die Naturalisten als Novum in die deutsche Literatur einführen, stellt einen radikalen Bruch mit der bisherigen Dichtersprache dar: angestrebt ist eine Form der Redeweise, die sich alles Poetischen, alles Fiktionalen im herkömmlichen Sinne enthält [...]" (Mahal, S. 96). – Nur das vierte Beispiel fällt aus dem Dialekt heraus; der 'mit Zungen redende' Weber bedient sich der 'reinen' Sprache der Bibel. Aber diese Sprache ist Zitat und kennzeichnet als solches die besondere Form der Religiosität.
Das (im Unterricht noch weiter auswertbare) Experiment zeigt: Individualität tritt hinter der Kollektivität zurück; der Held des Stückes ist das Weberkollektiv. „Das Elend wird von den Webern in ihrer Gesamtheit erlitten, und ihre Reaktion, der verzweifelte Ausbruch in die Revolte, ist ein kollektiver Vorgang, der aus der Perspektive einer Einzelfigur gar nicht angemessen zu erfassen wäre. Der Aufstand hat bezeichnenderweise keinen geistigen Führer, keinen Organisator, sondern er entsteht spontan [...]" (Jacobs, S. 230). Wo dennoch Einzelfiguren hervortreten – wie Bäcker, Jäger, Hilse –, repräsentieren sie die oben dargestellte Folge von Latenz und Ausbrechen der Rebellion oder eine religiös bestimmte ablehnende Haltung innerhalb des Weber-Kollektivs, die speziell den alten Webern zu eigen ist. In Hilse ist diese Haltung (vgl. oben Beispiele 4 und 5) lediglich zusammengefaßt, stärker pointiert und in ihrer Konsequenz weitergeführt, nicht aber individualisiert.
Eine Differenzierung der Personen und Personengruppierung ergibt das 'Soziogramm' auf Seite 18.
Dabei sind – auch wegen ihrer Sprache – zwei Personen hervorzuheben:
Moritz *Jäger*, schon in seinem Äußeren von den andern Webern abgehoben (sauberes Hemd, forscher Ton, vgl. S. 21), stammt aus dem Webermilieu und kehrt in dieses zurück, die 'Latenz' der Rebellion durchbrechend. Während er zunächst als Anführer eingeführt wird („Du bist unser Mann", sagt Baumert, S. 27), fungiert er im IV. und V. Akt nur noch als Repräsentant der Jungen, er wird sozusagen vom Kollektiv wieder aufgesogen. Er kennt die Welt draußen (vgl. S. 25), was sich auch in seiner 'feinen' Sprache äußert: „Heer ock, a red't wie de vornehmen Leute" (S. 22). In Jägers Replik divergieren dann sogleich Inhalt und Sprachform: „Das feine Sprechen hab ich mer aso angewehnt, daß ich's gar nimeh loo'n kann." Der Satz rutscht vom Hochdeutschen immer stärker in den Dialekt zurück. Jäger hat 'Glück' gehabt, besitzt Geld, ist deshalb nicht hungrig. Deshalb hat er eine schärfere

'Soziogramm' zu ‚Die Weber'

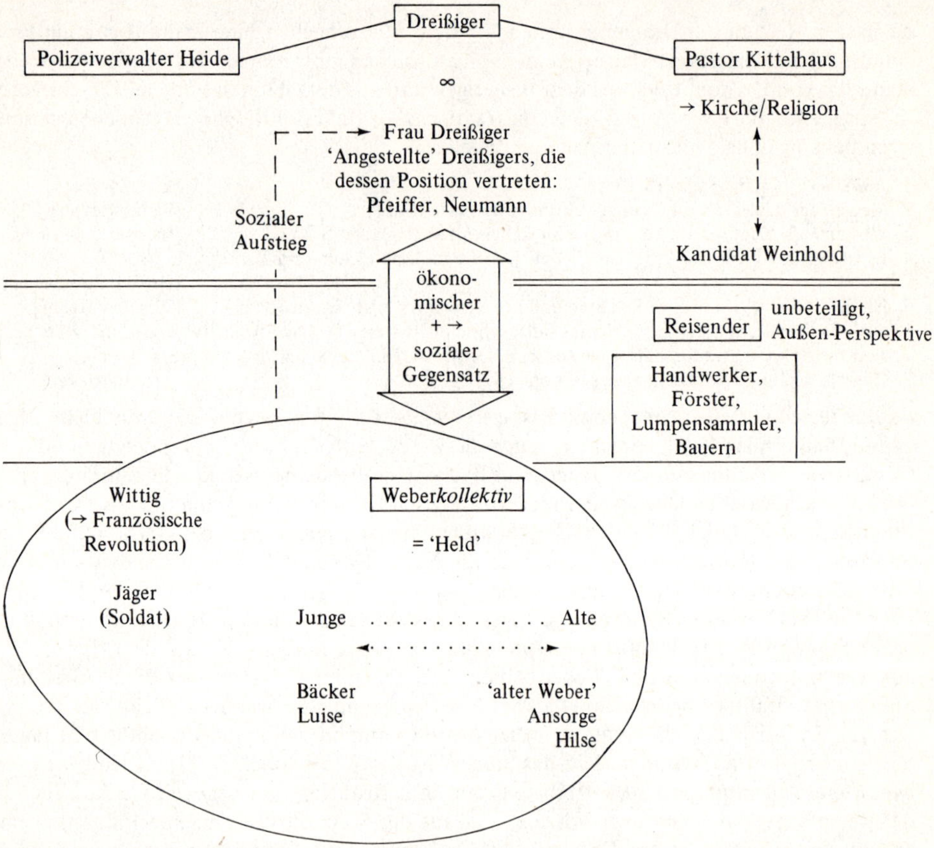

Optik: Er durchschaut den sozialen Gegensatz Arm-Reich eher und kann deshalb z.B. den naiven Glauben der Weber, eine Petition beim „Keeniche" (S. 25) in Berlin könne die Lage verändern, korrigieren (vgl. S. 27). Die sozialkritischen Aussagen über die Reichen stammen deshalb auch fast alle von Jäger (vgl. S. 26).

Der *Reisende*, wie Jäger eine Figur aus der Fremde, die die große Welt kennt (vgl. Cowen, S. 193), vertritt die Außenperspektive im Drama. Mit dieser Figur werden deutliche Anspielungen auf die zeitgenössische Zeitungsberichterstattung verbunden, die um 1890 das Weberelend wieder ins öffentliche Bewußtsein rückte. Mit dem Reisenden betritt die für naturalistische Dramen typische Figur des Fremden die Bühne (Loth in ‚Vor Sonnenaufgang', vgl. Szondi, S. 65ff.: Jäger, „gerade als Fremder, den Zuständen noch nicht Erlegener, ist [...] befähigt, das Feuer des Aufstandes zu entfachen" und: Die Schilderung des Weberelends wird im III. Akt „von einem zweiten Fremden, dem Reisenden, fortgeführt" Szondi, S. 69f.). Die Außenperspektive des Reisenden distanziert das soziale Geschehen; die Oberflächlichkeit und der Zynismus dieser Sichtweise werden aber gleichzeitig dem Zuschauer, der in die Realität der Weber durch die vorangehenden Akte 'eingeweiht' ist, vor Augen geführt (der Reisende wird, als es brenzlig wird, ins Honoratiorenstübchen weggeführt, er kokettiert zwischendurch mit der Wirtstochter – kurz, er ist nicht betroffen). Die Distanzierung des Geschehens, z.B. auch des Begräbniszeremoniells, bewirkt beim Zuschauer eher eine verstärkte Identifikation mit dem Weberelend.

2.2.4 Raum- und Bühnengestaltung

Die Untersuchung der Räume im Drama erfordert genaues Lesen der breiten, 'epischen' Bühnenanweisungen. Sie enthalten eine exakte soziologische Fixierung der Räume, Charakterisierung der Personen und, was ihren 'epischen' Charakter ausmacht, Interpretationen, Wertungen, Kommentierungen des Autors/'Erzählers'. Dies kommt v. a. in einer Fülle von *Vergleichen* zum Ausdruck, die den Charakter von Bühnenanweisungen sprengen und insofern der Werkintentionen dienen. (Auf solche Vergleiche hin wäre gleich die erste Regieanweisung, S. 7, zu untersuchen.) Die Grundstruktur des Bühnenbildes ist – von den Regieanweisungen her – in allen Akten gleich: Ein je nach sozialem Milieu unterschiedlich großer Raum hat in der Hinterwand eine Tür, an den Seiten Fenster. Dieses wahrscheinlich aus bühnentechnischen Erwägungen identische Grundmuster wird nun durch Weite und Enge und durch einmontierte Realitätsstücke deutlich als sozialer Raum variiert: Dem sozialen Gegensatz entsprechend, charakterisiert Enge die Räume der Weber, Weitläufigkeit die Dreißigers. Webstühle neben Ofen, Tisch etc. kennzeichnen die Behausungen der Weber als Wohn- und Arbeitsplatz. Dreißigers Privatzimmer sind luxuriös ausgestattet; Gewehr- und Geldschrank halten Lebensführung und ökonomische Überlegenheit im Bewußtsein. Das Ökonomische ist auch im Privaten gegenwärtig. Der Prunk wird nicht nur durch den Kontrast mit der Enge der Weberwohnungen in eine kritische Sicht gerückt, sondern auch direkt in der Regieanweisung als kalte, d.h. auch menschlich kalte, und dysfunktionale Pracht kommentiert (vgl. S. 43); die Versatzstücke von Kultur („schlechte Bilder in Goldrahmen"; S. 44) zeigen Kunst als Demonstrationsobjekt von Parvenukultur. Auch kontrastive Farben interpretieren die Interieurs: weiß, kalt, bleigrau bei Dreißiger – Schwarz in den engen Weberhütten (II. und V. Akt).
Zu dieser gesellschaftlichen Fixierung durch Raum und Gegenstände tritt deren Determinationsfunktion: Der Raum wird als „Determinationsprinzip zum Handlungsträger, der dem Individuum eigenständig und bedrohlich gegenübertritt" (Hintze, S. 35). So macht z.B. das Getöse der Webstühle in Baumerts Wohnung den Raum selbständig, zum unbeherrschbaren, die Situation beherrschenden Gegenüber der Menschen, das alles Private durchdringt und erstickt. Die Determination durch den Raum wird besonders deutlich im I. Akt: Geräumig, graugetüncht ist das Lohnbüro von Requisiten beherrscht, die alles in ihm Vorkommende, auch die Menschen, als Dingliches, als Ware definieren (Holzgestelle für Parchent, Bank und Tisch zur Musterung der abgegebenen Waren, Repositorium). Die Heiligenbilder im II. Akt sind Momente jener durchgängig feststellbaren religiösen Determination, für die im V. Akt Hilse steht – in dessen Zimmer bezeichnenderweise solche Requisiten fehlen, was auf seine Verinnerlichung der Religiosität deutet.
In den ‚Webern' gibt es ausschließlich Innenräume, deren Türen nicht 'ins Freie', sondern in weitere Innenräume führen (im III. Akt ins Honoratiorenstübchen, im IV. in Flur und Salon, im V. in das 'Haus'). Einzige Verbindung nach außen sind die Fenster: Im IV. Akt in der Funktion, 'von oben' den Aufstand beobachten zu können, in den Weber-Akten die Enge noch unterstützend („zwei kleine, zum Teil mit Papier verklebte und mit Stroh verstopfte Fensterlöcher"; S. 18). Natur ist durch diese Löcher nicht zu sehen. Lediglich einmal dringt „schwaches, rosafarbenes Licht des Abends" ein (S. 18), aber dies schon als Abglanz natürlichen Lichtes – und es fällt auf das abgemagerte, skeletthafte Gesicht eines jungen Mädchens, als tauge es nur dazu. Im V. Akt ist selbst diese Ahnung von Natur neutralisiert (vgl. S. 56; bühnentechnisch identisch mit dem II. Akt). – Der Vergleich zwischen dem Geräusch der Spulräder und „dem Summen großer Hummeln" (S. 18) – soweit ich sehe, die einzige Stelle, an der ein direkter Naturbezug auftaucht – subsumiert endgültig Natürliches unter die Dominanz des Innenraums und der Arbeitsverhältnisse: Es ist nur noch als Vergleich erinnerbar.
Unterrichtlich läßt sich, ausgehend von den Regieanweisungen und ihrer Deutung im Klassenzimmer, sehr gut theaterbezogen arbeiten. Otto Brahm, Hauptmanns Freund und Direktor

des Deutschen Theaters, an dem die meisten naturalistischen Stücke uraufgeführt wurden, hat die naturalistische Bühnentechnik konsequent realisiert: „Oberste Richtschnur des Brahmschen Bühnenstils war die vollkommene Wirklichkeitsillusion, seine historische Leistung die szenische Wiedergabe des nüchternen Alltags bis ins kleinste Detail. Diese auf Authentizität erpichte Imitation der äußeren Realität begann bereits beim Bühnenbild, das die zumeist ausführlichen Angaben der naturalistischen Dramen streng befolgte und dabei immer wieder denselben Raumtyp erzeugte: ein grau-braun getöntes, schwach beleuchtetes und [...] kärglich ausgestattetes Interieur" (Sprengel: Briefwechsel, S. 28). In diesem Stil oder im Kontrast dazu kann aus einem einfachen Schuhkarton ein Bühnenmodell gebastelt werden (an Theatern als Vorlage für Bühnenkonzeption und Bühnenbild üblich). Im handwerklichen Herstellen von Modell und Requisiten wird sinnlich realisiert, was analytisch erarbeitet wurde.

2.2.5 Der V. Akt als Problem: Werkintention

„Die Crux der ,Weber'-Deutung liegt im fünften Akt, der den Tod des alten Hilse vorführt, eines Webers, der sich in frommem Quietismus von der Revolte fernhält und zum Opfer einer verirrten Kugel wird. Er ist sicher kein Märtyrer der Revolution, kein Blutzeuge progressiver Gesinnung, wie er in einem Drama mit dezidierter Tendenz zu erwarten wäre und wie ihn die Kunstlehre des Sozialistischen Realismus später als 'positiven Helden' fordern wird" (Jacobs, S. 232).

In Fontanes berühmter ,Weber'-Rezension von 1894 (vgl. Editionen, S. 36f.) wird diese Deutungscrux bereits auf den Begriff gebracht: Der Schluß macht aus dem Revolutionsdrama ein Antirevolutionsstück. Auch in Szondis Interpretation bricht Hauptmann aus der „Gestaltung des Kollektivschicksals" (Szondi, S. 73) aus und versucht, in der Gestalt Hilses ein dramatisch-tragisches Ende zu setzen, statt episch unbetont mit dem Blick auf die Niederwerfung des Aufstandes abzubrechen. – Erst wenn man nach Alternativen zum Dramenschluß fragt (sie evtl. in einem kreativen Schreibauftrag konzipieren läßt) und mit Hauptmanns Schluß vergleicht, wird die Problematik des V. Aktes sichtbar. Mögliche Alternativen wären:

I. Das marodierende Weber-Kollektiv wird vor dem Haus des Unternehmers Dittrich (vgl. S. 71) von Soldaten zusammengeschossen.
II. Streichung des V. Aktes; das Drama endete dann mit dem IV. Akt: Plünderung der Wohnung Dreißigers.
III. Hilse wird nicht erschossen; er stellt sich 'predigend' den Webern als einzelner entgegen.
IV. Hilse wird von den revoltierenden jungen Webern als Konterrevolutionär erschlagen.

Solche spekulativen Alternativen focussieren das Problem auf die individualistische Gestaltung der Hilsefigur und auf seinen 'Märtyrer'tod, durch den die gattungstypische individuelle Tragik des Trauerspiels an die Stelle der politisch logischen kollektiven 'Tragik' tritt.

Nun hat aber die bisherige Analyse verschiedentlich gezeigt, daß Hilse durchaus als Typus zu sehen ist, als Repräsentant einer total verinnerlichten, handlungshemmenden Religiosität. Damit stünde Hilse nicht als isoliertes Individuum da: Seine typische Religiosität (die der Alten im Stück) kennzeichnete ein objektives konterrevolutionäres Moment innerhalb des Weberkollektivs, das für das Scheitern der Revolte ebenso verantwortlich ist wie deren Unorganisiertheit und Planlosigkeit, sowie der Militäreinsatz als Machtausübung der Herrschenden. Die Bedeutung Hilses wird so relativiert; zusätzlich noch, wenn man die Einschätzung des Aufstandes durch die Personen des V. Aktes untersucht (Arbeitsauftrag oder Hausaufgabe). Als Gegenspielerin zu seinem religiösen Quietismus erweist sich dann die ja ebenfalls neu auftretende Luise, die als Frau die radikalste und bewußteste Vertreterin der jungen Weber wird. In den Begriffen 'Hoffnung' und 'Sehnsucht' wird dieser Kontrast (zwischen Luise und Hilse) faßbar. Hilse hat durchaus ein klares Bewußtsein der eigenen Not und der sozialen Unterschiede. Auch bleibt er nicht aus Feigheit tatenlos: Er war ja Soldat. Aber er erträgt das Elend, weil er eine Hoffnung hat, die durch die Bibel als Gewißheit verheißen ist: auf eine Erlösung „drieben in jener Welt" (S. 64). Gegen die selbstvollzogene Rache des Weberkollektivs hier und jetzt setzt er die Rache Gottes 'dort und dann' (vgl. auch den Zungenredner im III. Akt, S. 30). Politisch gesehen wird in dieser Haltung die „Selbstversklavung" (Cowen, S. 196) sichtbar, die die alten Weber zur Tatenlosigkeit, zur Anpassung, zur Erduldung zwingt. Durch Pastor Kittelhaus wird dies als Resultat kirchlicher Machtausübung decouvriert; in Hilse wird die tiefe Verwurzelung solcher Religiosität bis in die Konsequenzen verfolgt. – Dagegen steht die praktische Diesseitigkeit Luises („Und hab'n mer kee Schwarzmehl", S. 57; „Ich bin ebens ne Mutter." S. 62), die Hilse selber vermerkt: „Du hast hier deine Parte, ich drieben in jener Welt [...]" (S. 64). Luise ihrerseits durchschaut und kritisiert Hilses Haltung als Produkt religiöser Verinnerlichung (vgl. v. a. S. 62f.). – Am Ende des III. Aktes sagt Hornung: „A jeder Mensch hat halt 'ne Sehnsucht" (S. 43). – die Sehnsucht nach „eener andern Welt" (S. 67), einer diesseitigen, die nur durch Handeln, nicht durch Tatenlosigkeit und Abwarten erzwingbar ist. Gegen die alten 'Gebetbichl-Hengste' (vgl. S. 68) setzen sich mit Luise die jungen Weber durch, um diese Sehnsucht zu realisieren: „Mir woll'n leben und weiter nischt. Und deshalb haben m'r a Strick durchgeschnitten, an dem m'r hingen" (S. 67). So besehen, könnte man sagen (und diskutieren), daß der gesamte V. Akt die Konfrontation zweier entgegengesetzter Haltungen zur Revolte radikal durchspielt (vgl. Sprengel, S. 87). Die Gegenposition zu Hilse wird dann noch gestützt durch die Entwicklung Gottliebs, der sich unmittelbar vor seines Vaters Tod von dessen Anschauungen löst und zu den revolutionären jungen Webern überläuft. Damit ginge der V. Akt trotz der Niederschlagung über die blinde Revolte des IV. Aktes hinaus: Mindestens einzelne der jungen Weber entwickeln in der Abgrenzung gegen die Alten, allen voran Hilse, ein Bewußtsein für ihre revolutionäre Aktion. –

Weder die Niederschlagung des Aufstands noch Hilses Tod werden von den Beteiligten innerhalb der dramatischen Fiktion wahrgenommen. Vielmehr muß der Zuschauer dem offenen Dramenende sein Wissen und seine historische Erfahrung hinzufügen. Auch wenn Mutter Hilse ihren Mann noch anspricht, weiß der Zuschauer: Er ist tot (vgl. Differenz zwischen Regieanweisung und Dialog, S. 71); auch wenn Mielchen dem Großvater berichtet, die Soldaten seien vertrieben, weiß der Zuschauer die historische Wahrheit: Die Soldaten sind zurückgekommen und haben die Weber blutig zusammengeschossen. Indem der Dramenschluß diese Aktivierung des Zuschauers verlangt, fordert er zugleich aktuelle Reflexion und Applikation. Hier – in der offenen Dramenstruktur und nicht im Antirevolutionären durch Hilses tragischen Tod – liegt der Grund für die zeitgenössische Wirkung des Stücks.

2.2.6 Der Autor und sein Stoff

Wie intensiv sich Hauptmann mit der sozialen Realität, die er in seinem Drama verarbeitet, befaßte, bezeugen anschaulich die Quellen und seine eigenen Studien vor Ort (vgl. Editionen, S. 7–19). Der Vergleich der Quellen mit dem Drama braucht m. E. im Unterricht nicht detailliert durchgeführt zu werden. Der globale Eindruck, daß Hauptmann die Vorlagen genau verarbeitete, ergibt sich von der Lektüre (Hausaufgabe) her. Einzelbeispiele der Übereinstimmung von Materialien und Stück können genügen (z. B. S. 15, Z. 27 und V. Akt, S. 65; vgl. die Gegenüberstellung von Kroneberg, S. 15f. evtl. als zusätzliches Arbeitsblatt). Die Befunde sind in zweierlei Richtungen auszuwerten:

1.) Hauptmann dramatisiert historische Ereignisse des Jahres 1844; dazu studiert er genau zeitgenössische Quellen, und er erfährt bei seiner Reise ins Eulengebirge das Unveränderte der Webersituation – er erlebt das historische Problem, das 1844 zur Revolte führte, als gegenwärtiges. Die Studien dienen genauer Realitätswiedergabe. Handlungselemente, Per-

sonen, Gruppierungen etc. sind von der Realität vorgezeichnet und werden im authentischen Stück mit nur geringen Änderungen (Zwanziger – Dreißiger) verarbeitet.
2.) Die Quellen enthalten Motivationen des Aufstands („Trübsal und Jammer [...] Pracht und Üppigkeit", S. 13, Z. 4f.) und Wertungen, die Hauptmann ebenfalls teilweise übernimmt. Die Aussage, „daß die ewige Noth den Leuten die nöthige Thatkraft geraubt" (S. 9, Z. 28) hat, schlägt sich in der 'Latenz' des Aufstands und in der Haltung der Alten, die ihr Leben lang das Leiden erduldet haben, nieder. Es wird aber nicht als ein Verhalten dargestellt, das dem Aufstand folgt, sondern als eine simultan wirksame Haltung zur Revolte an die alten Weber, v. a. Hilse, gekoppelt.
Nicht nur Hauptmanns Erfahrungen im Webergebiet, von denen Baginski berichtet (vgl. Editionen, S. 18f.) zeigen die gesellschaftspolitische Präsenz und Brisanz des Weberproblems noch am Ende des Jahrhunderts. Auch eine Petition der schlesischen Weber an den Kaiser, 1890 in der Vossischen Zeitung veröffentlicht, war Hauptmann bekannt. Sie ist als Dokument für die Gestaltung der ökonomischen und sozialen Situation evtl. noch aufschlußreicher als die 'historischen' Quellen: Konkurrenzunfähigkeit, heruntergedrückte Löhne, 14stündige Arbeitszeit, Kinderarbeit, Frauenarbeit zu geringerem Lohn, Teuerung der Lebensmittel und des Feuerungsmaterials etc. – das sind die Beschwerdepunkte der Petition (abgedruckt bei Gafert, S. 242f.). Es sind dies die wesentlichen Momente, die die soziale Not der Weber 1890 ausmachen. Dadurch, daß sie im I. und II. Akt zum Kennzeichnenden der Situation verwendet werden, wird aus einem 'Historienstück' aus den 40er Jahren ein Zeitstück (vgl. Jacobs, S. 237). Und jedem Zuschauer war in den 90er Jahren diese Aktualität des Problems bekannt. Demnach mußte auch Hauptmann selbst die Brisanz seines Themas bewußt sein. Baginskis Bericht (S. 19) und Selbstaussagen Hauptmanns belegen das: „[...] es gehörte immerhin Mut dazu, dieser in Preußen übel vermerkten Erinnerung, statt sie völlig auszulöschen, in einer Gestaltung *neue Gegenwart*, ja möglicherweise Dauer zu geben. Aber das soziale Drama [...] lag als Postulat in der Luft" (zit. nach Gafert, S. 242. Hervorhebung T. K.). Baginski gegenüber antwortet Hauptmann auf die Frage nach der erhofften Wirkung, er wolle, indem er „diese Not zum Gegenstand seiner Kunst" mache, „das werktätige Mitgefühl in den Gutgestellten erwecken [...] Mitleid, freilich ein tatkräftiges Mitleid, das den Armen eine wirkliche Erleichterung ihres Loses verschafft" (Editionen, S. 19). Hier wird als Autorintention der soziale Impuls zur Veränderung der Wirklichkeit deutlich formuliert. Sicherlich steht dagegen die ästhetische Verteidigung des Stücks: „Das Elend in seiner klassischen Gestalt"; „Der Webstuhl ist nun einmal ein Ding, an dem zu sitzen die Göttin Kirke nicht verschmäht [...]" (Schwab-Felisch, S. 163); „Ein Kunstwerk und nichts Geringeres war mein Ehrgeiz" (Schwab-Felisch, S. 96). Solche ästhetische Relativierung oder Zurücknahme des unmittelbaren sozialpolitischen Gehalts aber ist m. E. v. a. mit zwei Gründen zu erklären: Erstens ging es Hauptmann entsprechend den literarischen Intentionen des gesamten Naturalismus auch darum, die Dignität eines solchen Stoffes für die Literatur der 'Moderne' zu beweisen, d. h. die sozialen Abgründe der modernen Industriegesellschaft für die Literatur zu reklamieren und in ihr deren soziale Determination aufzuweisen; zum andern ist die ästhetische Legitimation des Stücks auch als Reaktion auf die rein politische Rezeption und den Weberprozeß und 'Skandale' zu erklären. Die obigen Zitate stammen aus dem Prozeß und von 1938! Für den politisch Angegriffenen war die „ästhetische 'Verpackung' oft das einzige Vehikel für politische Aussagen und für soziale Kritik [...]" (Gafert, S. 92).

2.2.7 Rezeption und Wirkung

Die Diskussion der Zeitgenossen entzündete sich an der Frage, ob es sich bei den ‚Webern' um ein Tendenzstück handelte: „[...] war es ein sozialistisches Agitationsdrama, das im Gewande eines historischen Aufstandes das Proletariat zu revolutionären Aktionen aufrief, oder handelte es sich tatsächlich um ein rein 'historisches Schauspiel aus den vierziger Jahren', ohne aktuelle Bezüge und nur geeignet, 'allgemein-menschliche' Empfindungen wie Mitleid und Barmherzigkeit zu wecken?" (Gafert, S. 240). Unter dieser Fragestellung sind die Rezeptionsdokumente (Editionen, S. 20ff.) zu analysieren. Dabei sind auch die außerliterarischen Bedingungen zu reflektieren, unter denen das Stück Wirkung erlangen konnte. Zur Wirkung des Weberdramas gehört zunächst einmal das Aufführungsverbot (Editionen, S. 25ff.). Zwar war die Theaterzensur abgeschafft, aber zwischen 1851 und 1918 war die Hinckeldeysche Polizeiverordnung in Kraft, die zur Sicherung von Ruhe und Ordnung die Vorlage von Theaterstücken forderte (vgl. Schwab-Felisch, S. 93ff.) und der zunächst die Dialektfassung, dann auch die hochdeutsche zum Opfer fiel. Als 1893 beim Preußischen Oberverwaltungsgericht eine Freigabe verfügt wurde, fand 1894 im Deutschen Theater in Berlin unter Otto Brahm die erste öffentliche Aufführung statt; der Kaiser kündigte daraufhin seine Loge (Einnahmeverlust: 4000,– RM). Die Verbote wie die zeitgenössischen Rezensionen zeigen in ihren Begründungen, daß das Stück eben nicht als Historienstück eingeschätzt wurde (vgl. Editionen, S. 32ff.). Unterstellt wurde ihm aufgrund seiner Gegenwartsnähe eine aufreizende Wirkung (vgl. Editionen, S. 27), die es durch Verbot zu unterbinden gelte.

Die Erkenntnis der politischen Gegenwärtigkeit des Stücks resultierte aus außerliterarischen Rezeptionsbedingungen. Die Pressekampagne des Pastors Klein (Editionen, S. 20ff.) schuf ein öffentliches Bewußtsein für das Elend der Weber. Der Stückinhalt war so – selbst wenn es der Dramenintention entsprochen hätte – gar nicht in historische Distanz zu bringen. Die allgemeine politische Lage tat das Ihre dazu (vgl. Editionen, S. 25 und 27). Seit 1890 die Sozialistengesetze aufgehoben worden waren, entwickelte sich die SPD zu einer immer stärkeren politischen Macht (vgl. hierzu Schwab-Felisch, S. 86ff.). Die soziale Frage war trotz der Bismarckschen Sozialgesetzgebung ungelöst; Verstädterung, Binnenwanderung, grundlegende Veränderungen des Stadt-Land-Verhältnisses und der überkommenen Agrarstruktur, 'Verelendung' etc. stellten sich einer Lösung der sozialen Frage entgegen und verschärften sie. In dieser Situation mußte jede Darstellung sozialer Mißstände qua Stoffwahl als parteilich im Sinne der Arbeiterbewegung, als 'sozialdemokratisch' klassifiziert werden, auch wenn es für eine SPD-Position keinerlei Anhaltspunkte im Stück gab. So kann man sagen, daß ‚Die Weber' wohl der Intention nach ein politisches Stück sind, die parteipolitische Qualifikation oder Disqualifikation als Tendenzstück sich aber aus den außerliterarischen Rezeptionsbedingungen ergibt.

Die innerliterarischen Rezeptionsbedingungen hängen mit der bürgerlichen Theaterinstitution (Institution Kunst) zusammen. Der hämische Premierenbericht (Editionen, S. 32ff.) mokiert sich über die Abwesenheit derer, die durch das Stück revolutionär zu aktivieren wären – als sei's die Vorlage für Heinrich Manns ‚Rache'-Satire. Das deutsche Theater war eine bürgerliche Institution, sichtbar an der Zusammensetzung des Publikums. Das Proletariat, dessen Beeinflussung die Aufführungsverbote verhindern wollten, war gar nicht der faktische Adressat dieser Art von Bühne. Das ist auch der Grund für die Aufhebung des Verbotes (vgl. Editionen, S. 31). Noch deutlicher wird diese institutionell bedingte Selektion der Zuschauer bei der Freigabe des Stücks für die Breslauer Aufführung: Die Eintrittspreise werden drastisch erhöht, um den Theaterbesuch von Arbeitern auszuschließen (vgl. Gafert, S. 248f.). Hinzu kommt, daß die 'Selbstzensur' bereits beim Veranstalter funktionierte: In Otto Brahms Regiebuch (vgl. Sprengel: Briefwechsel, S. 22f.) sind anstößige Stellen gestrichen (etwa die, wo der alte Baumert den Hundebraten von sich gibt). Die Institution Theater lenkt somit die Wirkung des Stücks von den unmittelbar Betroffenen ab, für die allein das Stück eine unmittelbar agitatorische Funktion hätte haben können. Das Stück konnte, seinem politischen Gehalt nach, deshalb nur mittelbar verändernd wirken: Sein „werktätiges Mitgefühl" nur „in den Gutgestellten erwecken" (Editionen, S. 19), d.h. nur bei denen, die das

Theater erreichte. Damit kann das Stück allenfalls ein Bewußtsein für die Lösungsnotwendigkeit der sozialen Frage schaffen, Sympathie und Solidarität mit der sozialen Bewegung hervorrufen. Von dieser Einschränkung sind nur die Aufführungen in der Freien Volksbühne nicht betroffen, in der Tausende von Arbeitern vor der ersten öffentlichen Aufführung das Stück erlebten (vgl. Sprengel, S. 92). Möglich war das aufgrund der Organisation der Volksbühnen als geschlossene Vereine mit Mitgliedsbeiträgen (vgl. Mahal, S. 36ff.). Gerade aber die Aufführungsverbote und der rechtliche Kampf um ihre Aufhebung verhalfen Stück und Autor zu Berühmtheit und Öffentlichkeit: Nicht an das Verbot gebundene Rezitationen des Dramas fanden landauf, landab in Buchhandlungen, Vortragssälen etc. statt; und gerade die freigegebenen Aufführungen erreichten eine Massensuggestion, die „zur emotionalen Identifikation mit den Ausgebeuteten" (Sprengel: Briefwechsel, S. 23) zwingend, die Bourgeoisie mindestens partiell aktivierte.

2.2.8 Integration: Das Weberlied

Im Lied der Weber, ‚Das Blutgericht', und in der Art seiner Verwendung im Drama sind die wesentlichen Aspekte der Analyse zusammenzufassen und die Unmittelbarkeit des sozialen Dramas nochmals anschaulich zu machen.

Inhaltlich drückt es direkt und unter Verzicht auf die 'Artistik' des Heineschen Gedichts (Editionen, S. 7f.) die Elendssituation der Weber aus. Wie das Drama als Ganzes benennt es das Hier und Jetzt der Not („Hier im Ort [...]") und als 'sozialen Nenner' den Gegensatz arm – reich, Ausbeutung, Not etc. der Armen. Das konkrete Benennen der Mißstände, die Unmittelbarkeit von Aussage und Attacke, der narrative Gestus („Kommt nun ein armer Weber an [...]") – all das läßt das ‚Blutgericht' zur „Marseillaise der Notleidenden" (Wolf, zit. nach Kronenberg, S. 11) werden.

Formal besitzt das Weberlied den „Wert eines Leitmotivs [...], das die Einheit des dramatischen Vorgangs bewußt hält und das dynamische Aufruhrmotiv auf schlagende Weise präsent macht" (Jacobs, S. 231). Es steht so für die 'Latenz' der Revolte. Dramaturgisch tritt es in dem Augenblick, wo die direkte Aktion einsetzt, zurück und wird im letzten Akt, auf dem Höhepunkt der Rebellion und entsprechend der Kontrapunktik Hilse – Luise durch das fast antithetisch zu lesende Lied vom „kleenen Mann" (V. Akt, S. 68, 69) ersetzt. Das Lied hat zudem die Funktion eines sozialpsychologischen Ventils: So ist etwa Baumert „von den Worten des Liedes gepackt [...] Nun geht alles mit ihm durch; stammelnd, unter Lachen und Weinen [...]" (S. 28).

Im offenen Drama hat das Lied eine kollektive Funktion: Seine Anonymität – es hat keinen individuellen Verfasser, kommt 'aus dem Volk' – prädestiniert es dazu, Ausdruck kollektiver Wünsche, Kritik, Vorstellungen zu sein *und* Kollektivität, Gemeinschaft zu stiften (vgl. Ende III. Akt). Diese nichtintellektuelle Kollektivierungstendenz des gesungenen Liedes auf der Bühne ergreift möglicherweise auch das Publikum und schafft, da individuelle Identifikationsfiguren fehlen (vgl. Kroneberg, S. 17), emotionale Solidarisierungsmöglichkeiten mit der 'andern' sozialen Schicht. Im Zurücktreten des Weberliedes gegen Ende des Stücks ist – so könnte man zur Diskussion stellen – die Auflösung der Solidarität, bzw. deren gewaltsames Zerschlagen formal antizipiert.

Stofflich schließlich handelt es sich bei dem ‚Blutgericht' um ein authentisches, anonymes Lied der Weberrevolte von 1844. Diese erste „Arbeiterrevolte auf deutschem Boden [...] war inzwischen (1893) zu einem wichtigen Bestandteil in der Geschichte der Arbeiterbewegung geworden" (Kronenberg, S. 14). Mit dem leitmotivischen Einbau des Liedes ins Drama dokumentiert Hauptmann deshalb eklatant die realistische Authentizität und die politische Gegenwartsbezogenheit seines Stücks, die jede überzeitliche Deutung ausschließen: Das ‚Blutgericht' selbst war Ende des Jahrhunderts zu einem öffentlichen „Bestandteil sozialdemokratischer und sozialistischer Kulturtradition geworden" (Kroneberg, S. 20, s.a. S. 14f.).

2.3 Georg Büchner: ‚Woyzeck' (1836/37)

Büchners fragmentarisches und zu Lebzeiten unveröffentlichtes ‚Woyzeck'-Drama führt in jene Zeit zurück, die Hauptmann in seinen ‚Webern' aktualisierte: die des deutschen Vormärz. Nicht nur, daß die Naturalisten sich auch die Jüngstdeutschen nannten, verknüpft das literarische Jahrhundertende mit der Zeit vor 1848; wesentlicher ist, daß die Naturalisten die soziale Frage als Höhepunkt einer historischen Entwicklung reflektierten, die zu Beginn des Jahrhunderts begann und im Vormärz die ersten literarischen Verarbeitungen erfuhr – einer Entwicklung, die mit Industrialisierung, dem ökonomischen Erstarken des Bürgertums, dem zunehmenden Machtverlust der Aristokratie, der Herausbildung des vierten Standes als weitgehend pauperisiertem Proletariat, aber auch dessen politischer Selbstorganisation in der Arbeiterbewegung grob skizziert ist.

Das ‚Woyzeck'-Fragment als das erste Drama, in dem ein 'Proletarier' zur zentralen Bühnenfigur wird, hat wie kaum ein anderes Theaterstück der Literaturgeschichte divergierende und widersprüchliche Deutungen bis auf den heutigen Tag hervorgerufen. Das hat v. a. zwei Gründe: Zum einen gibt es keine gesicherte definitive Textgestalt; alle Lese- und Bühnenfassungen sind editorische Konstrukte, in denen mit gewissen Übereinstimmungen Szenen aller Handschriften kontaminiert werden, so daß je nach zugrundegelegter Fassung Deutungsspielräume entstehen. Zum andern bewirken die konzeptionelle Offenheit des Fragments und die Autonomie der Einzelszenen (v. a. der schwer einzuordnenden 'dysfunktionalen') eine Komplexität, die es dem Interpreten ermöglicht, in hohem Maße seine 'Vor-Urteile' in die Rezeption einfließen zu lassen.

Da eine unterrichtliche Behandlung weder die editorischen Probleme in extenso berücksichtigen noch die Komplexität des Dramas in jede Facette auflösen kann (oder soll), ist didaktische Reduktion notwendig. Die folgende Analyse versucht deshalb, das ‚Woyzeck'-Mosaik zunächst von Stoff und Autor her spannend zu machen (deshalb die etwas marktschreierischen Titel ‚Fahndung'), dann die Mosaiksteine unter sehr einfachen Fragestellungen zu elementarisieren und neu zusammenzusetzen.

2.3.1 Annäherungen an das Stück

2.3.1.1 Fahndung nach einem Mörder: Der Fall Woyzeck

Spannend, zum Einstieg und Vorlesen geeignet, schildert Hans Mayer in seinem Büchner-Buch die Vorgänge um den historischen Woyzeck (Mayer, S. 331 ff.; für diesen Zusammenhang um alle Hinweise auf das Clarus-Gutachten zu kürzen). Nach diesen historischen Informationen ist das forensische Gutachten des Hofrats Clarus unter zwei Fragestellungen zu lesen: Welche Fakten über Leben und Charakter des Mörders Woyzeck werden gegeben? Wie ist die Diagnose der Zurechnungsfähigkeit begründet, und welche Intention verfolgt Clarus? Beide Fragen zielen auf eine spätere Gegenüberstellung mit Büchners Woyzeckgestalt – also auf Veränderungen, die Büchner gegenüber der Stoffvorlage vornimmt. Zur ersten Frage einige Stichwortergebnisse:

Physiognomische Normalität (mittlere Statur, kräftig, Blick, Augen); normale Körperfunktionen (Puls, Herzschlag); intellektuelle Normalität (Sprache, Verstand, Begriffe von Gegenständen und Begebenheiten); Lebensumstände (Arbeitslosigkeit, Obdachlosigkeit, 'Streunerei', Armut); soziale Beziehungen (Woostin: gegenseitiges Eheversprechen, Untreue, Prostitution? Streitigkeiten, Tätlichkeiten, Verachtung, Beleidigungen; Wienbergin: uneheliches Kind, Untreue; Offiziere: unverdiente Kränkungen; Mitmenschen: 'als ob sie ihn für einen Narren halten', „ein guter Mensch"); psychische Situation (Veränderungen des Gemütszustandes, Stille, Gedankenlosigkeit, Erbitterung gegen einzelne, Träume von Freimaurern, Groll, Bitterkeit, Unwille, Zorn, trotzdem ordentlich, Zwiespältigkeit in der Selbsteinschätzung).

Zur zweiten Frage: Der referierende Konjunktiv des Gutachtens täuscht eigentlich die authentische Perspektive des Patienten, d. h. Objektivität, nur vor. Die Aussagen Woyzecks werden wohl empirisch erforscht, durch den Konjunktiv aber nicht als wirkliche Umstände zur Begründung der Tat ernstgenommen. Die indikativischen Passagen zeigen denn auch deutlich Clarus' Position und Intention: Das empirisch Gesichtete bezieht sich auf das Äußere, Habituelle und wird zum Beweis seiner Normalität herangezogen. Die psychosozialen Faktoren werden gesehen, aber sie werden einer moralischen Vor-Einstellung untergeordnet (vgl. Abschnitt a, Editionen, S. 42f.). Zu einer Analyse der gesellschaftlichen Ursachen des Fehlverhaltens (Arbeitsscheu, Trunksucht, Spiel) kommt es nicht.

2.3.1.2 Fahndung nach einem Autor

Die öffentlichen Diskussionen über den Fall Woyzeck wie über die ähnlichen Mordfälle Schmolling und Dieß (vgl. Hinderer, S. 186ff.; Knapp, S. 123ff.) zeigen indessen eine Tendenz der Zeit: ein Interesse an psychologischen Fragen und am Zusammenhang zwischen derart verbrecherischen Handlungen und dem sozialen Milieu der Täter.

Büchner hat mit Sicherheit während seiner Gießener Studienzeit von den Kriminalfällen erfahren: Dieß' Leiche wurde in Gießen obduziert; in der väterlichen Bibliothek hat Büchner vermutlich die Diskussion in der ‚Zeitschrift für Staatsarzneikunde‘ gelesen, bei der Ernst Büchner Mitarbeiter war. Die Diskussion war übrigens erst 1838 mit einer letzten Schrift abgeschlossen, die alle Aspekte noch einmal zusammenfaßte und den immerhin 14 Jahre zuvor bereits hingerichteten Woyzeck für zurechnungsfähig erklärte.

Wer ist nun dieser Georg Büchner, der von diesem juristisch-psychologischen Stoff so fasziniert ist, daß er ihn zum Gegenstand eines Dramas macht? Die 'Fahndung' nach dem Autor kann durch Schülerreferat oder in gemeinsamer Erarbeitung erfolgen (Hilfsmittel: Editionen, S. 67ff.; Johann; und die ausgezeichnete Dokumentation zum 150. Jahrestag des ‚Hessischen Landboten‘: Thomas Michael Mayer). Wichtige Aspekte der Vita sollten sein: Schon als Kind leidenschaftliches Mitleid, Haß gegen Ungerechtigkeit (vgl. Th. Mayer, S. 47); der Schülerzirkel, in dem man sich mit 'Bon jour, *citoyen*' anredete (Th. Mayer, S. 56); die Kenntnis der Saint-Simonisten, von denen Büchner die Tatsache des Arm-Reich-Gegensatzes als konstitutives Element sozialer Verhältnisse übernahm (vgl. Th. Mayer, S. 91ff., 95); der politische Büchner: die sozialen und politischen Bewegungen in Hessen 1831–33 (vgl. Th. Mayer, S. 97ff.), die Gesellschaft der Menschenrechte, der ‚Hessische Landbote‘ und die Zusammenarbeit mit Weidig (vgl. Th. Mayer, S. 128ff., 144ff.; vgl. hier als besonders interessantes Dokument den Steckbrief Büchners im Frankfurter Journal: Th. Mayer, S. 203 und Schnierle: Büchner, S. 89); Emigration und Studien in Straßburg, wo er „nur durch den Nachweis erfolgreicher wissenschaftlicher Tätigkeit und aufgrund äußerlicher politischer Unauffälligkeit (Th. Mayer, S. 204; s. a. Schnierle, S. 88f.) einigermaßen sicher ist; d.h. also Unsicherheit und Anpassungszwang des Exils; naturwissenschaftliche Studien; die literarischen Werke; Fortsetzung des Exils in der Schweiz: Dozentur in Zürich.

2.3.1.3 Fahndung nach einem Stück

Vom Schüler als Leser her gesehen, erscheint der ‚Woyzeck‘ als ein schwer auflösbares Puzzle, aber doch in seiner Textgestalt unbefragt. Sobald auch nur ein Schüler eine andere Ausgabe besitzt, ergibt sich die Frage nach der 'richtigen' Fassung. Büchner begann die erste Niederschrift des Dramas im Sommer 1836 in Straßburg; die letzten Entwürfe bearbeitete er in Zürich bis zu seinem Tod 1837. Die erste Buchausgabe erschien – in heute zweifelhafter Textgestalt, die aber Alban Berg noch seiner Oper ‚Wozzeck‘ (1925) zugrundegelegte – 1879 in der ‚Kritischen Gesamtausgabe‘, die Karl Emil Franzos herausgab. Uraufgeführt wurde das Stück erst 1913 im Münchener Residenztheater.

Überliefert ist der ‚Woyzeck‘ in drei Handschriften (heute in Weimar), schwer lesbar durch

flüchtige Niederschrift und durch chemische Mittel, die Franzos zur Entzifferung einsetzte. Die Handschriften werden *Foliofassung* (5 Bogen mit 30 Szenen, bei Lehmann in H_1 und H_2 unterteilt), *Quartblatt* (1 Blatt mit 2 Szenen = H_3) und *Quartfassung* (6 Bogen mit 17 Szenen = H_4) genannt. Diese letzte Handschrift gilt als 'Reinschrift'. Die von den Editoren vorgelegten Lese- und Bühnenfassungen stützen sich meist auf H_4, beziehen aber ausgelassene Szenen früherer Fassungen mit ein.
Ein unterrichtliches 'Experiment' zeigt, daß mit einer Umgruppierung der Einzelszenen sich Akzente verlagern lassen. Gehen wir von dem (am tektonischen Drama orientierten) Gedanken aus, daß der Dramenanfang als Exposition den Konflikt in nuce enthält, Personenkonstellationen vorstellt und damit die Wahrnehmung des Zuschauers 'kanalisiert': Was 'exponiert' dann die erste Szene des ‚Woyzeck' in der Lesefassung Lehmanns (Editionen, S. 4)? Woyzeck und Andres „schneiden Stöcke im Gebüsch". Der Ort der Handlung ist die freie Natur; die Stadt in der Ferne ist nur in der Szenenüberschrift erwähnt, spielt aber am Szenenende eine Rolle, wo das doppeldeutige „Sie trommeln drin" (im Szenenkontext: in der Erde; im Dramenkontext: Zapfenstreich) zur Rückkehr in die Kaserne ruft. Hauptperson ist Woyzeck; Andres singt nur, verhält sich sonst reagierend. Woyzeck wird in seiner psychischen Gefährdung eingeführt: Er redet wirr, hat Halluzinationen (Freimaurer, Posaunen), ein offensichtlich gestörtes Verhältnis zu Natur und Umwelt. Exponiert wäre, kurz gesagt: Woyzeck als eine psychopathologische Fallstudie.
Was würde demgegenüber die Szene ‚Hauptmann. Woyzeck' (Editionen, S. 9ff.; bei Bergemann tatsächlich die erste Szene) exponieren? Woyzeck wird hier deutlich in seiner Abhängigkeit vom militärischen Vorgesetzten eingeführt. Er verhält sich 'normal' den hierarchischen Verhältnissen des Militärs entsprechend (Befehl-Gehorsam); er wird als armer Hund auch noch für dumm verkauft (s. Wettergespräch) und der Unmoral angeklagt. In seinen Repliken verteidigt er seine fehlende Moral mit seiner Armut („Geld, Geld [...]"). Das Gespräch offenbart damit den Gegensatz zwischen sozial unterschiedlichen Gruppen, von Arm und Reich, also die ökonomische und damit soziale Unterlegenheit der Hauptfigur; exponiert wird eher ein sozialer Sachverhalt. Beide Szenen setzen so einen unterschiedlichen Deutungsakzent.
Wie in diesem 'Experiment' verfährt die Stuttgarter Inszenierung (Editionen, S. 40f.). Eine Szenenfolge isoliert dramaturgisch den Innendruck, d.h. die psychologische Ebene des Stücks, die andere den Außendruck, d.h. die soziologische Ebene. Heuristisch ist mit solchen Überlegungen zunächst einmal eine Leitfrage gewonnen: Gibt Büchner in seinem (sozialen) Drama eine psychologische Fallstudie oder eine sozialrevolutionäre literarische Fortsetzung des ‚Hessischen Landboten'? Diese heuristische Trennung des im Drama Ungetrennten ist fruchtbar, weil sie dazu dient, das Unüberschaubare der Szenenfolge zu gliedern, Hypothesen zu bilden, nach Indizien für die eine oder andere Deutung zu suchen etc. Die Isolierung der psychologischen und der soziologischen Dimension dient dazu, die diffizilen Verbindungen beider Ebenen um so einleuchtender herauszuarbeiten.

2.3.2 Werkanalyse

2.3.2.1 Personenkonstellation

Wer ist die Titelfigur des Dramas? Was erfährt man über Marie? Wer sind die Personen um Woyzeck herum (Gegenspieler, Mitspieler)? Diese scheinbar einfachen Fragen zwingen zu nochmaligem genauem Lesen des Dramas und schließen zunächst (im Sinne der didaktischen Reduktion) die dysfunktionalen Szenen aus (Buden. Lichter. Volk; Wirtshaus/Handwerksburschen; Marie mit Mädchen vor der Haustür/Großmuttermärchen).

Woyzeck. Ein Theaterbezug läßt sich herstellen, indem nach der Besetzung der Woyzeck-Rolle gefragt wird: Welche Anforderungen muß der Schauspieler erfüllen? Der Titelfigur näherzukommen, und um einen Vergleich mit dem historischen Woyzeck zu ermöglichen, gilt es, eine 'Rollenbiographie' zu erstellen.
Die Testamentsszene (Editionen, S. 21) nennt die äußeren Daten: Friedrich Johann Franz Woyzeck, Wehrmann (= Soldat), Füsilier (= Infanterie) im 2. Regiment. 2. Bataillon, 4. Compagnie, geboren Mariä Verkündigung (= 25. März; gilt als Fest der Volksfrömmigkeit), 30 Jahre alt. Aus der ersten Szene (Freies Feld. Die Stadt in der Ferne) ist bereits bekannt: Woyzeck erwirbt seinen Lebensunterhalt zusätzlich durch Stöckeschneiden (fürs Korbflechten, vgl. Hinderer, S. 192), d.h. er muß Nebenbeschäftigungen verrichten, um sich über Wasser zu halten; er hat psychische Störungen. Untersucht man alle Szenen auf solche Befunde zur Person, so ergeben sich folgende Ergebnisse:
1.) Die äußere Situation: Woyzeck erhält als Soldat lediglich Verpflegungsgeld (für 'Menage'), offensichtlich so wenig, daß er, um Marie, sein Kind und sich zu ernähren, dazuverdienen muß. Das bringt ihn in ökonomische Abhängigkeit (von Hauptmann und Doktor). Woyzecks gedankliches Kreisen um Geld (Editionen, Szene 4, 5, 8; S. 8ff., 12ff.: „Kammer", „Der Hauptmann. Woyzeck", „Beim Doctor") zeigt die ökonomische Seite seiner Situation; die Abhängigkeit von den Geldgebern die soziale.
2.) Die innere Situation: Was die andern – z.B. Andres – als Fieber diagnostizieren, sind innere Stimmen und Projektionen. Dabei überlagern sich die beiden Bereiche Religion und Natur. Zum ersteren gehören die Freimaurer, die apokalyptischen Visionen (Posaunen, Rauch vom Land = Bilder aus der Offenbarung und dem Alten Testament: Sodom und Gomorrha; vgl. Hinderer, S. 194, 195); auch sein Geburtsdatum Mariae Verkündigung. In Naturerscheinungen werden religiöse und Todesbilder („Mond wie ein blutig Eisen", Szene 20, 24; S. 24f., 27: „Abend. Die Stadt ...", „Woyzeck an einem Teich") projiziert. Natur ist nicht 'locus ameonus', sondern wird als anonyme Bedrohung erfahren. Natur wird nicht intellektuell, sondern sinnlich, in Stimmen etc. wahrgenommen, oder haptisch (heiß-kalt). Es gibt eigentlich keine objektive äußere Natur, sondern nur die über Wahrnehmung und Projektion des 'zentralen Ichs' (Klotz, S. 106ff.) vermittelte subjektive Natur, die aber trotzdem als anonymes, bedrohliches Gegenüber empfunden wird. Der 'Mon-agonist' steht „einsam in der Mitte der Gegenwelt, die von allen Seiten auf ihn einstürmt" (Klotz, S. 108). Die Hauptszenen des Dramas sind aus dieser subjektiven Perspektive des zentralen Ichs angelegt und nehmen damit für die Realität und Wirksamkeit dieser Sicht Partei (anders als der konjunktivische Clarus-Bericht, der gerade diese subjektive Realität nicht ernst nimmt). Die eigentümliche Religiosität Woyzecks kennt keine Heilserwartung oder -gewißheit; in seiner Volksfrömmigkeit dominieren die apokalyptischen Endzeitbilder der Bibel, denen ihr theologisches Komplement, die folgende definitive Erlösung, abgeschnitten ist. Die Bedrohung steigert sich durch ihre Nicht-Benennbarkeit, sprachlich fast formelhaft gefaßt im impersonalen Es („*Es* war wieder was", „sagt'*s* der Wind", „*Es* ist hinter mir gegangen"). Diese unbestimmte Deixis erweist die subjektive Realität des Gezeigten, deren objektive Nichtvermittelbarkeit zugleich. Das 'Es' „steht für sich selbst: eine Macht, die sich jeder begrifflichen Nennung entzieht [...] die Personen [sind] diesem Es, das bald als Naturgewalt, bald als gespenstische Wesenheit auftritt, schrankenlos ausgeliefert" (Klotz, S. 175). – Da diese psychischen Befunde in allen wesentlichen Szenen auftreten, gibt es keine Personenentwicklung. Das Drama zeigt weder Veränderungen der seelischen Struktur Woyzecks, noch weist es chronologisch Genese und Verlauf eines Krankheitsbildes auf. Die Stationen des Dramas sind nicht Stufen einer äußeren oder inneren Handlung, sondern entsprechen dem, was Klotz 'afinale Kreisbewegung' nennt. Die Szenen kreisen um das Immergleiche; ihren Zusammenhalt bekommen sie durch 'metaphorische Verklammerungen' (Klotz; vgl. etwa 'heiß', 'kalt') oder durch ganz unmetaphorische Situationsstereotypen („Wir arme Leut'").

Marie. Aus der Mordszene geht hervor, daß die Verbindung zwischen Woyzeck und Marie an „Pfingsten zwei Jahr“ (Szene 20; S. 24: „Abend ...“) dauert. Die beiden sind unverheiratet und haben einen unehelichen Sohn. Marie stammt aus derselben sozialen Schicht wie Woyzeck („arm Leut'“). Während über Woyzecks Äußeres jede Angabe fehlt, wird Marie als attraktive Frau dargestellt, die – für den Tambourmajor und den Unteroffizier (vgl. Szene 3; S. 6ff.: „Buden. Lichter. Volk“) – eine überaus starke erotisch-sexuelle Ausstrahlung besitzt; Inkarnation von Sinnlichkeit und Weiblichkeit. Das hebt sie trotz ihrer Armut aus dem Grau in Grau ihrer Umgebung hervor. Ihre Sinnlichkeit ist ihre Natur; das zeigt sich darin, daß sie in Haltung und Verhalten durchgängig durch Sinnesorgane charakterisiert wird: durch Auge und Mund (vgl. Szene 2; S. 4ff.: „Die Stadt“: „Ei, was freundliche Auge [...]“; „Ihre Auge glänze ja noch“; „so dunkel, man meint, man wär blind“; Szene 3; S. 6ff.: „Buden ...“: „Auge, schwarz“, „feurige Auge“; Szene 6; S. 11: „Kammer“: „Sieht dir der Teufel aus den Augen?“ – „und doch hab ich einen so rothen Mund als die großen Madamen“, Szene 4; S. 8f.: „Kammer“: „Was du heiße Lippen hast“, Szene 20; S. 24f.: „Abend ...“, usf.). Wiederholt taucht auch als Gegensatz das Motiv der Blindheit auf (vgl. Szene 4, 7; S. 8f., 12: „Kammer“, „Auf der Gasse“). Auge und Mund haben die Bildfunktion des Kreatürlichen: Sie stellen direkten, nonverbalen Kontakt zur Umwelt her, die Augen glänzen, der Mund leuchtet; sie ziehen Aufmerksamkeit auf sich. Marie *sieht*, während Woyzeck Stimmen *hört* – ihm ist Maries unmittelbarer Kontakt verlorengegangen. Realitätssinn, das Wahrnehmen des ‘Augenscheinlichen’, fehlen ihm; er nimmt das Bedrohliche hinter dem ‘Augenfälligen’ wahr. Er ist deshalb in Maries Augen blind. Darin spiegelt sich bereits die Entfremdung zwischen beiden: So sieht er ihre Schönheit nur als Indiz des Treuebruchs („Du hast ein rothe Mund, Marie“, Szene 7; S. 12: „Auf der Gasse“; „heiße Lippen [...] Hurenathem“, Szene 20; S. 24f.: „Abend ...“). Ihre Kreatürlichkeit ist deshalb, weil Woyzeck ihr nicht gerecht wird, nicht gerecht werden kann, der Grund für den ‘Ehebruch’ mit dem Tambourmajor, in dem sie ihr augenscheinliches Gegenbild sieht: die ihr analoge und gemäße sinnliche Kraft, die Woyzeck fehlt („wie ein Löw'“, Szene 2,6; S. 4ff., 11: „Die Stadt“, „Kammer“; der Gegensatz zwischen Woyzeck und Tambourmajor wird zwischen Szene 5 und 6 ganz deutlich formuliert: Woyzeck nennt sich selbst einen ‘armen Kerl’ – der Tambourmajor: „[...] der Prinz sagt immer: Mensch, Er ist ein Kerl.“). Schließlich beruht für Marie die Faszinationskraft des Tambourmajors nicht allein auf seinen erotischen Qualitäten und seinem Selbstbewußtsein, sondern vor allem auf seiner imposanten (sichtbaren und zur Schau gestellten) Äußerlichkeit, „die mit Maries und Woyzecks Armseligkeit verlockend kontrastiert: Uniform, Repräsentieren bei Paraden, Geschenke, staatlich bestätigte Körperkraft“ (Meier, S. 39). Maries Verführbarkeit resultiert so ebenso aus ihrer Kreatürlichkeit wie aus ihrer Armut. Folgt sie aber ihrer Kreatürlichkeit – was sie im Ehebruch tut –, überläßt sie Woyzeck, dessen einzige wirkliche Kontaktperson sie ist, seiner äußeren und inneren Isolation; folgt sie ihren durch die Armut auferlegten Pflichten, vergewaltigt sie, da Woyzeck zu ihr gemäßer Kreatürlichkeit nicht (mehr) fähig ist, ihre eigene Natur. Aus diesem Konflikt folgen ihre Skrupel, die sie als selbstverantwortete, nicht aber als durch soziale Verhältnisse bewirkte, persönliche Amoralität ansieht (vgl. Meier, S. 39): „Ich bin doch ein schlecht Mensch. Ich könnt' mich erstechen.“ (Szene 4; S. 8f.: „Kammer“). Was sie für die Konsequenz ihrer persönlichen Schuld hält (Erstechen), führt dann Woyzeck aus.

2.3.2.2 Die Konfliktebenen des Dramas

Woyzecks wie Maries Kreisen um immer dieselben Sachverhalte, 'Konstitutionen', verhindert jede Personenentwicklung, aber deshalb auch einen kontinuierlichen Handlungsaufbau. Statt einer Fabel im traditionellen Sinn sind deshalb Konfliktfelder, in denen Woyzeck steht, zu beschreiben; in der Skizze auf Seite 30 sind sie (aus der Personenanalyse erschließbar) graphisch veranschaulicht.

Das Schema faßt als bisherige Befunde zusammen: Den Mittelpunkt einer afinalen, entwicklungs- und richtungslosen Kreisbewegung bildet Woyzeck als zentrales Ich. Als solches erscheint er nicht aktiv handelnd, vielmehr steht er unter der Bedrohung von drei auf ihn einstürmenden Konfliktfeldern: dem der aus den Fugen geratenden Liebesbeziehung, dem einer übermächtigen Umwelt aus hierarchisch höherstehenden Personen, dem seiner eigenen Psyche. Diese innere Verfassung schließlich läßt ihm die äußere Natur ebenfalls als etwas ihn Bedrohendes erfahren (4. Konfliktfeld; vgl. zu den drei ersten Knapp, S. 126). Die Kompositionsprinzipien – Szenenpartikel, Fehlen einer Fabel, Diskontinuität – sind das formale Korrelat dieser Konfliktsituation Woyzecks (als Zusammenfassung s. Krapp, Editionen, S. 36f.). Schon die Dominanz dieser Konfliktfelder zeigt Woyzecks Ausgesetztsein – eine aktive Konfliktlösung ist nicht sichtbar. Wogegen er sich auch aktiv zur Wehr setzen würde – sein Aufbegehren bliebe punktuell.

Zurückkehrend zu dem vereinfachten Ausgangsproblem, ob es sich bei dem Stück um eine psychologische oder eine soziologische Fallstudie handelt, ergibt sich von der schematischen Darstellung her zwangsläufig die Frage, wie die Konfliktfelder untereinander zusammenhängen; konkreter gefragt: Wie kommt es zu Woyzecks 'Innendruck'? Sofern dieser seine Natursicht prägt und seine Beziehung zu Marie nachhaltig belastet, verweist die Fragestellung auf den Sozialzusammenhang, in dem er steht (Konfliktfeld I).

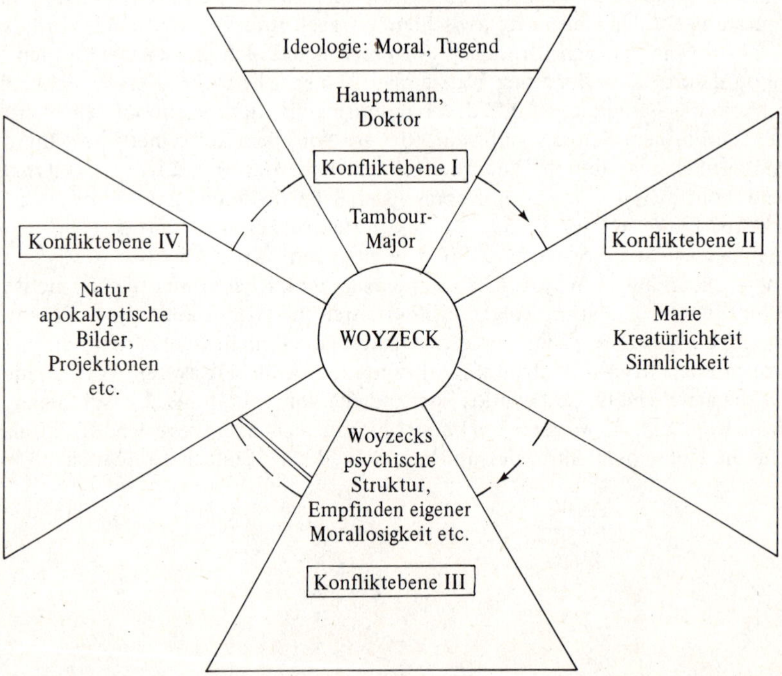

2.3.2.3 Der Sozialzusammenhang im ‚Woyzeck'

Hier nun ist Einzelszeneninterpretation unverzichtbar: Zur Klärung des Sozialzusammenhangs sind vor allem die Hauptmann- und die Doktorszenen zu untersuchen. Die Untersuchungsfrage liegt auf der Hand: In welcher Beziehung steht Woyzeck zu Hauptmann und Doktor? Welche weltanschaulichen und sozialen Positionen vertreten beide Woyzeck gegenüber, und welche Folgen lassen sich daraus für letzteren erkennen?

Hauptmann – Woyzeck (Szene 5, 9; S. 9ff., 14ff.: „Der Hauptmann. Woyzeck", „Straße")
Die Konfrontation zweier Weltanschauungen in dieser Szene hat Franz H. Mautner in Stichworten zusammengefaßt (zitiert nach Hinderer, S. 199):

Hauptmann	*Woyzeck*
hat Überfülle an Zeit	ist in Hast
liebt Langsamkeit	ist „verhetzt"
frei	gedrückt
geschwätzig	lakonisch
sentimental	sachlich
„ich"	„wir arme Leut", „unsereins"
konventionell-zufrieden (sprachlich affirmativ)	sozial-kritisch (sprachlich hypothetisch)
„moralisch"	„natürlich"
„Tugend"	„Fleisch und Blut"
Kirche = Moral	Kirche = Institut der Reichen
Gebote der Kirche („Garnisonsprediger")	Wort der Bibel („der Herr")
sexuell lüstern	sexuell sachlich
denkt nicht	„denkt zuviel"

Die äußere Situation der Szene zeigt die klare hierarchische Rollenverteilung zwischen Vorgesetztem und Untergebenem: Woyzeck dient dem Hauptmann, indem er ihn rasiert, er verhält sich sprachlich diesem Rollenverhalten entsprechend („Ja wohl, Herr Hauptmann."); erst als er zum Reden aufgefordert wird („Red' Er doch was Woyzeck."), repliziert er und funktioniert wiederum als Untergebener, indem er den herablassenden, geistlosen Vorgesetztenwitz bestätigt („Süd-Nord!"). Die Dümmlichkeit, Geschwätzigkeit, das Langweilig-Melancholische entlarven den Hauptmann satirisch: Er besitzt Macht über Woyzeck, und er spielt sie jovial aus; aber diese Macht beruht auf inhaltsloser, formaler Autorität, die nur noch durch unbefragte Ideologeme der ökonomisch besser Situierten gesichert ist (Geldaspekt): Indem Woyzeck seine eigene Amoralität als Folge seiner Armut apostrophiert, wird die Tugend des Hauptmanns ebenso als klassenabhängige deutlich. „Woyzeck entlarvt die genannten Werte wie Tugend, Moral [...] als klassenspezifische, die reale gesellschaftliche Mißstände verbrämen helfen" (Gnüg, S. 299). Die tautologische Moraldefinition des Hauptmanns („Moral das ist wenn man moralisch ist") zeigt zudem „einen Denkformalismus, der sich als starres Raster über das Leben stülpt" (ebd.) und zugleich mit der Inhaltsentleertheit der Ideologie deren Überlebtheit: Der Weltanschauung wie dem praktischen Leben mangelt es an jeder Vitalität. Deshalb – und das gehört zur Dialektik der Hauptmann-Beziehungen, (auch der zum Doktor, vgl. Szene 9; S. 14ff.: „Straße") – fühlt er sich bedroht, obwohl Woyzeck in dem 'Disput' ihn nicht angreift, nur sich selbst rechtfertigt und damit die sozialen Gegebenheiten anerkennt. Überfülle an Zeit, Langsamkeit sind Symptome einer realen gesellschaftlichen Funktionslosigkeit („Wenn ich am Fenster lieg [...]"), der noch das depravierteste gesellschaftliche Funktionieren als Attacke erscheinen muß, gegen die nur noch überlebte moralisierende Phrasen Schutz bieten. Diese nicht objektive, aber latent empfundene Bedrohung äußert sich in der äußeren Situation: Beim Rasieren befindet er sich 'unterm Messer' des Untergebenen. In Szene 9 wird explizit formuliert: „[...] Woyzeck, Er läuft ja wie ein offnes Rasirmesser durch die Welt, man schneidt sich an Ihm".

Von diesem Befund aus stellt sich die Frage: Wenn die satirische Darstellung den Hauptmann als gelangweilten Vertreter einer gesellschaftlich funktionslosen Schicht, die ihre (noch) ausgeübte Macht bedroht sieht, entlarvt – welche Schicht wird dann historisch repräsentiert?

Mit dieser Frage geht die immanente Analyse 'logisch' in eine historisch-soziologische über. Im Brief an die Familie vom Februar 1834 schreibt Büchner, und das liest sich wie exakt auf die satirische Darstellung des Hauptmanns gemünzt:

„Ich habe freilich noch eine Art von Spott, es ist aber nicht der der Verachtung, sondern der des Hasses. Der Haß ist so gut erlaubt als die Liebe, und ich hege ihn in vollstem Maße gegen die, welche verachten. Es ist deren eine große Zahl, die, im Besitz einer lächerlichen Äußerlichkeit, die man Bildung, oder eines toten Krams, den man Gelehrsamkeit heißt, die große Masse ihrer Brüder ihrem verachtenden Egoismus opfern. Der Aristokratismus ist die schändlichste Verachtung des heiligen Geistes im Menschen; gegen ihn kehre ich seine eigenen Waffen: Hochmut gegen Hochmut, Spott gegen Spott" (Schnierle, S. 53ff.).

Der Hauptmann ist also nicht in einem allgemeinen Sinne eine skurrile Einzelfigur, die Woyzeck subtil unterdrückt, die satirische Entlarvung dient nicht bloß einem individuellen Verhalten, sondern sie legt mit demselben Spott, dessen sich konkrete gesellschaftliche Kräfte zur Unterdrückung bedienen, deren die 'Brüderlichkeit' verachtenden Egoismus bloß. Der Hauptmann ist in einem soziologisch konkreten Sinne Repräsentant des menschenverachtenden Aristokratismus:

„[...] als Militär vertritt er die feudalistische Staatsmacht.
Der Feudalismus, der seine soziale Legitimation aus der Religion ableitete (vgl. das 'Gottesgnadentum' des Herrschers oder die Analogie von Fürst und Gott-Vater), mußte sich zur Zeit Büchners in Deutschland vor allem auf die materielle Macht des militärischen Apparats stützen, da die theologische Rechtfertigung im Verlauf der Aufklärung viel von ihrer einstigen Wirkung verloren hatte. Dennoch bleibt das irrationale Denken mit religiösen Kategorien und Begriffen der entscheidende Faktor in der feudalen Weltanschauung. Dieses 'theologisch-feudale' Gesellschaftssystem (wie es Auguste Comte nannte) befand sich im Vormärz in einer Verteidigungssituation. Vor diesem realen politisch-sozialen Hintergrund setzt Büchner die Hauptmanns-Szene an" (Meier, S. 42, vgl. zu diesem Zusammenhang auch: Editionen, S. 60f.).

Woyzeck – Doktor (Szene 8, 18, S. 12ff., 22f.: „Beim Doctor", „Der Hof des Doctors")
In den drei Begegnungen zwischen Woyzeck und dem Doktor (Szene 8, 9, 18) reagiert der letztere nur einmal „mit Affect": Indem Woyzeck „auf die Straße gepißt" hat, hat er offensichtlich sein Wort gebrochen (Szene 8). Erregt sagt der sonst stets kühl beobachtende oder ob der Experimenterfolge vergnügt sich die Hände reibende Wissenschaftler: „Ich hab's schriftlich, den Akkord in der Hand." Er besitzt also einen schriftlichen Vertrag, in dem Woyzeck sich zu Dienstleistungen verpflichtet hat. Was ist der Inhalt des „Akkords"? Woyzeck muß sich ausschließlich von Erbsen ernähren („seit einem Vierteljahr", Szene 18); für das zeitlich begrenzte Experiment („noch ein Paar Tage, und dann ist's fertig", Szene 18) erhält er zwei Groschen täglich (Szene 8), bei besonderen Symptomen als Folge des Experiments Zulage (Szene 8, 9). Während des Experimentzeitraums muß er dem Doktor zur ständigen Untersuchung seiner körperlichen Verfassung zur Verfügung stehen (Urinuntersuchung, Puls etc.). Eine Gegenüberstellung von Doktor und Woyzeck – analog zu der obigen mit dem Hauptmann – ergibt:

Doktor	*Woyzeck*
Der Mensch ist frei: Individualität, Freiheit, Wille	„wenn einem die Natur kommt"
wissenschaftlich, Revolution in der Wissenschaft	natürlich 'doppelte Natur' Schwämme, Stimmen
Diagnose/Einschätzung Woyzecks: „Wenn es noch ein proteus wäre ..." aberratio mentalis partialis mit allgemein vernünftigem Zustand (Erbsen essen, Hauptmann rasieren, Dienst tun)	 immer ordentlich
interessanter casus, Subjekt Woyzeck, Phänomen, (Kontext:) Verhältnis Subjekt-Objekt ungleicher Puls, Augen 'Bestie'	 Zittern „es wird mir dunkel" „Ach, Herr Doctor!"

Während Woyzeck in seiner Beziehung zum Hauptmann sich gegen dessen Tugendgeschwätz rechtfertigen kann, wird er in den Doktorszenen sehr viel stärker in seiner passiven Rolle als Diagnose-'Gegenstand' gezeigt. Irgendeine Form von Aufbegehren ist bereits zu einem „Ach, Herr Doctor" verkümmert. Seine Selbstrechtfertigung gegenüber dem entwürdigenden „Er hat [...] an die Wand gepißt wie ein Hund", in der er seine 'Natur' gegen die verstandesmäßige Kontrolle seiner Triebe setzt, die das Experiment vertraglich von ihm verlangt, weicht der Darstellung seines Krankheitsbildes, das vom Doktor selbst als (erwünschte) Folge des Experiments apostrophiert wird: sein psychischer und physischer Verfall (Zittern, Dunkel, Haarausfall) und seine Visionen 'doppelter Natur'. Natur wird für Woyzeck dadurch zum Konfliktfeld (s.o.), zur Bedrohung, weil das Experiment (mit seinen Folgen von Schwindel, Dunkel vor den Augen etc.) seine Wahrnehmung verändert: Er sieht die äußere Natur und in ihr das Übernatürliche, eine 'höhere' Natur, die in Stimmen und Visionen zu ihm spricht (vgl. Hinderer, S. 206f., Meier, S. 49). Die wahrnehmbaren Dinge der Natur („Schwämme ... Wer das lesen könnt.") werden für ihn zu Hieroglyphen (vgl. Hinderer, S. 207) für eine dahinterliegende zweite, höhere Natur (der „Offenbarung", vgl. die apokalyptischen Bilder, die ihn deshalb zusätzlich bedrohen, weil sie für ihn unentzifferbar sind). Sein Innendruck und seine Naturvisionen (Konfliktfeld III und IV; s. Skizze S. 30) sind deshalb nicht psychische Determination oder pathologische Konstitution, sondern Resultat eines Außendrucks durch das Experiment, physiologisch gesehen durch die Unterernährung – eines Experiments, das er paradoxerweise braucht, um zu leben, obwohl es ihn vernichtet; eines tödlichen Experiments, dem er vertraglich ausgeliefert ist. Deshalb steht am Ende der Woyzeck-Doktor-Beziehung das an die Grenze der Sprachlosigkeit gelangende, die Ohnmächtigkeit jeder Argumentation und jedes Aufbegehrens bezeugende, bittend-ausgelieferte „Ach, Herr Doctor". Darin schwingt noch sprachlos der Appell an eine Menschlichkeit mit, die schon in den Philosophemen des Doktors (Freiheit etc.) nur noch rudimentär vorhanden, in seiner wissenschaftlichen Praxis vollständig eskamotiert ist.

Wie der Hauptmann ist auch der Doktor eine Karikatur, deren Inhumanität qua Satire bloßgelegt wird. In seiner Fachsprache, der es auf keinerlei kommunikative Vermittlung ankommt, wird die 'Gelehrsamkeit' des oben zitierten Büchner-Briefes gegen den Sprechenden selbst gewendet. Ein Wissenschaftlertypus wird gezeigt, dem die Wissenschaft vom Menschen über den Menschen geht, dessen Zynismus das 'Subjekt Woyzeck' der „Revolution in der Wissenschaft" bewußt opfert. Der Vergleich mit dem Gutachter des historischen Woyzeck, Clarus, drängt sich hier auf und leitet methodisch wiederum zur historischen Analyse über. Die empiristische Kälte der Diagnostik, die den Zusammenhang zwischen Experiment resp. gesellschaftlichen Ursachen und Verhalten resp. Verbrechen registriert, aber nicht zur 'Rettung' des Begutachteten wertet, zeigt sich hier wie dort. Krankheit und (fragwürdige) Normalität werden auseinanderdividiert; das zeigt des Doktors Diagnose einer „aberratio" „mit allgemein vernünftigem Zustand", d.h. einem Zustand, in dem die erzwungenen gesellschaftlichen Verpflichtungen trotz Krankheit funktionieren (Einhaltung des Vertrages, Dienst beim Hauptmann). Clarus wie der Doktor sehen Woyzecks 'Verantwortlichkeit' von den ideologischen Voraussetzungen ihrer eigenen Schicht her (vgl. v.a. Vorwort des Gutachtens und des Doktors Idee von Freiheit, die durch Woyzecks faktische soziale und ökonomische Unfreiheit ad absurdum geführt wird). Radikaler aber als im Clarus-Gutachten wird im Drama die Kausalität von Experiment und physisch-psychischer Zerstörung, wird die Entmenschlichung Woyzecks als 'Verdinglichung' und diese als Folge eines für eine bestimmte gesellschaftliche Schicht typischen Vertragsabschlusses gezeigt: In diesem ist der unterlegene Vertragspartner, der im wörtlichen Sinne Leib und Leben verkauft, nicht mehr Mensch, sondern Objekt, Ding, 'Ware', richtet sich sein Wert nach dem (hier: wissenschaftlichen) Profit. In seiner Signifikanz für den Erfolg des Experiments rangiert er unter dem Menschen: „Behüte wer wird sich über einen Menschen ärgern [...]! Wenn es noch ein proteus (= ein Olm, eine froschartige Eidechse, vgl. Hinderer, S. 206) wäre, der einem krepirt!" (Szene 8; S. 12ff.: „Beim Doctor"). Die Verdinglichung Woyzecks durch den Doktor weist über die Wissenschaftlerkarikatur weit hinaus – mag sich hinter der Satire Clarus oder der Gießener Anatom Wibrand oder irgendein anderer Wissenschaftler der Büchnerzeit verbergen, der solche Experimente tatsächlich unternahm (vgl. Hinderer, S. 204f., Meier, S. 48); sie fixiert vielmehr den Doktor – parallel zum Hauptmann – als gesellschaftlichen Repräsentanten: als eine „einheitliche Gestalt des Bürgers [...], dessen Hauptprinzipien Arbeits- und Kaufverträge, positive Forschung und gleichzeitig metaphysische Ideen sind. Das fundamentale Prinzip des Kapitalismus – die Konkurrenz – gilt auch für ihn, so daß er von seiner Standessituation her gezwungen ist, nach besonderer Originalität in seinen Experimenten zu streben" (Meier, S. 47f.). Die Folge der gesellschaftlich bedingten Verdinglichung Woyzecks ist die Entfremdung von der Gesellschaft (nicht einmal Andres versteht ihn mehr, vgl. Szene 13; S. 19: „Nacht"), der Natur und sich selbst. Letztendlich prägt diese Entfremdung auch den Konflikt mit Marie. Die reale Lage der Armen im Frühkapitalismus (vgl. Materialien in den Editionen, S. 53ff.) wird von Büchner über die Darstellung der äußeren Wirklichkeit hinaus auf ihren wahren, die Substanz der Persönlichkeit zerstörenden Kern hin analysiert. Das Sozialdrama Büchners legt ungleich radikaler und differenzierter als Hauptmanns ‚Weber' die Strukturen und Mechanismen einer gesellschaftlichen Situation frei, durch die und in der der Arme mit Phrasen des Menschentums verbrämt eben dieses Menschentums völlig entäußert wird. Hauptmann und Doktor repräsentieren gesellschaftliche 'Teilsysteme' – das überkommene, anachronistische feudalistische ancien régime und das frühkapitalistische, rationalistische Bürgertum –, die, auch untereinander konkurrierend (vgl. Doktor – Hauptmann, Szene 9; S. 14ff.), das auf Gewalt basierende Gesamtsystem prägen (vgl. zum 'Gesellschaftssystem' als ganzem Meier, S. 54ff.).

Woyzecks „Entfremdung geht aus der Grundstruktur der Gesellschaft hervor und läßt sich keiner Person und auch keinem Stand als spezielle Schuld anlasten. Die Gewalt wird nicht von einer Herrschaftspersönlichkeit ausgeübt, sondern ist die notwendige Resultante aus den sozialen Widersprüchen. Weil sich kein Verantwortlicher feststellen läßt, ist das soziale System im ‚Woyzeck' trotz seiner fundamentalen Widersprüche stabil.
Alle Personen des ‚Woyzeck' leiden unter dem universalen Gewaltsystem, weil sie in ihrem Verhalten vorrangig vom jeweiligen gesellschaftlichen Standort bestimmt und zum Kampf gegeneinander gezwungen sind" (Meier, S. 57f.).

Die soziologische Analyse hebt die heuristische Zweiteilung der Leitfrage – soziologische oder psychologische Fallstudie – auf: Nicht um ein Entweder-Oder, nicht einmal um ein Sowohl-Als-Auch geht es. Im sozialen Drama Büchners wird die Determination des Verhaltens, des Bewußtseins, des Verhältnisses zu Natur und Welt durch die widersprüchliche soziale Wirklichkeit radikal exemplifiziert. Dies ist, da unterrichtlich ein solches 'Ergebnis' so dezidiert kaum zu erarbeiten wäre, anhand verschiedener Interpretationsansätze (Editionen, S. 33–35, ausgehend von der Determinusfrage bei H. Mayer, S. 34f.) kontrovers zu diskutieren.

2.3.2.4 Der Mord an Marie

„Die Liebe zu Marie und dem Kinde ist das einzige Band, das Woyzeck mit der Welt verknüpft, das einzige, das seinem unstäten, in kosmischen Weiten schwingenden Geist Halt und Zentrum gibt. Der harten, kalten, lieblosen, höhnischen, ihm wesensfremden Welt hat diese Liebe allein einen Sinn gegeben. Dieser Sinn geht verloren mit der Untreue Maries" (Dosenheimer, S. 74).

Wäre dem so, so wäre der durch Maries Untreue verursachte Sinnverlust das Motiv für den Mord. Damit blieben Tat, Tatmotiv und -kontext auf der privaten Ebene einer Beziehungskrise, für die die kalte, höhnische Welt lediglich ein kontrapunktisches Ambiente abzugeben hätte. Warum bringt Woyzeck Marie überhaupt um? Naiv gefragt: Warum klammert er sich

nicht an seinen einzigen 'Sinnbezug', warum versucht er nicht, die Beziehung zu retten, statt sie endgültig zu zerstören? Mit welcher Logik ist aus der Untreue eine Bluttat zu folgern? Und schließlich: Welchen Sinn machen die ausgeführten Konfliktfelder, wenn sich der Mord auf dieser Ebene der Eifersuchtstragödie hinreichend motivieren ließe?
Diese (Diskussions-)Fragen sollen den Mord zum Problem machen: Als private Rache oder Eifersuchtstat ist er nicht zu motivieren. Zu untersuchen – und unterrichtlich noch einmal lesend abzusichern – ist, in welchen Kontexten die 'Eifersuchtshandlung', die mit dem Mord endet, jeweils erscheint.
Auf einer ersten Stufe gibt es in dem Personendreieck Woyzeck-Marie-Tambourmajor in der Tat Momente einer reinen, sich komplizierenden Eifersuchtshandlung (Szene 2, 4, 6, 7; S. 4ff., 8f., 11, 12): Marie lernt den Tambourmajor kennen, sie wird von ihm beschenkt, die Ohrringe – als 'klassisches' Indiz – werden von Woyzeck entdeckt, es kommt – ohne Woyzecks Wissen – zum Liebesakt, der Verdacht wird zur Gewißheit etc. Aber bereits diese erste Stufe enthält Momente, die der kontinuierlichen und logischen Entfaltung einer Eifersuchtstragödie widersprechen. Da Woyzeck in allen Szenen, unabhängig von irgendeiner Chronologie, in seiner Entfremdung gezeigt wird, kann diese nicht Folge, sondern allenfalls Ursache der Untreue Maries sein. Dafür spricht, daß sie, bevor es zum direkten Kontakt mit dem Tambourmajor kommt, mit Bezug auf Woyzecks Visionen, äußert: „Der Mann! So vergeistert [...] Ich halt's nicht aus. Es schauert mich." (Ende Szene 2; S. 6). Es gibt in der Beziehung Woyzeck – Marie an keiner Stelle des Dramas auch nur ein Moment von Glück, Unbeschwertheit; ebensowenig in der Untreue Maries: Skrupulös (Ende Szene 4; S. 9) und ambivalent reagiert sie auf den Tambourmajor („Ich bin stolz vor allen Weibern" – „Laß mich!" – „Rühr mich an!" – „Es ist alles eins.", Szene 6; S. 11); die Ohrringe sind viel weniger Untreue-Indiz als soziales Indiz, ganz unmetaphorisch: Spiegelung der eigenen Armut (Szene 4; S. 8f.). – Dieser Sozialzusammenhang der Woyzeck-Marie-Beziehung wird auf einer zweiten Stufe deutlich entfaltet (Szene 9, 11, 14; S. 14ff., 17ff., 19f.: „Straße", „Wirthshaus"): Im Kampf mit dem Tambourmajor (Szene 14) fehlt jeder Hinweis auf die erotische Rivalität – hier kämpfen ein Überlegener und ein Unterlegener, der Tambourmajor, in der militärischen Hierarchie kein Offizier, v. a. mit Repräsentationsfunktionen vertraut, versucht in dem Kampf, den Zuschauern seine soziale Überlegenheit durch äußere Kraft zu beweisen. Obwohl er gesellschaftlich kaum über Woyzeck steht, reproduziert er eine soziale Hierarchie (vgl. Meier, S. 39ff.) bzw. deren Grundmuster: die Unterdrückung. Konkretisiert erscheint dieser soziale Zusammenhang in Szene 9: Die scheinheiligen Andeutungen des Hauptmanns und des Doktors dienen keiner Aufklärung über Woyzecks Geschick, sondern sind subtile Mittel latenter Gewalt (den Zusammenhang direkter offener Gewalt stellt der Hauptmann selbst her: „Kerl, will Er erschossen werden [...]"), wie sie auch in den übrigen Szenen mit Hauptmann und Doktor zu sehen sind. Woyzecks Reaktionen dienen dem Hauptmann zur Aufheiterung seiner schichtspezifischen Ennui („Grotesk!"), dem Doktor zur Fortführung seines Experiments („Phänomen, Woyzeck"). Eines der beiden sprachlichen Motive, die auf den Mord hinführen und mit ihm eine metaphorische Verklammerung bilden, entsteht aus diesem Zusammenhang: „die Erd ist höllenheiß, mir eiskalt! [...] die Hölle ist kalt, wollen wir wetten." (Vgl. die Heiß-Kalt-Metaphorik in der Mordszene, Szene 20 und Szene 22; S. 24f., 25f.). Exakt in die Mitte der Handwerksburschen-Szene (Szene 11; S. 17ff.) ist Woyzeck 'eingeblendet': Die Szene spielt in der Öffentlichkeit, von der aber Woyzeck ausgeschlossen ist – er „stellt sich an's Fenster." Das Fenster – bei Büchners kargen Regieanweisungen von auffälliger Funktion – ist dramaturgisch Kontakt- und Distanzierungsmittel zugleich: Wohl sieht Woyzeck Marie und Tambourmajor 'in flagranti', aber es signalisiert zugleich seine soziale Außenseiterposition, sein Ausgeschlossensein von der Öffentlichkeit des Tanzvergnügens. Was er wahrnimmt, wird nun zum zweiten sprachlichen Motiv, das zum Mord hinführt, umgedeutet: Maries „im Vorbeytanzen" zusammenhanglos

geäußertes „Immer zu, immer zu", an sich aussageneutral, jedenfalls aber nicht ein-, sondern vieldeutig, 'hämmert' Woyzeck sich selbst als entlarvende Stereotype ein und funktioniert es zu einer 'Unzuchtsformel' um, die wiederum in eine apokalyptische Vision mündet („dreht euch, wälzt euch. Warum bläßt Gott nicht die Welt aus, daß Alles in Unzucht sich übereinanderwälzt [...]"). Mit diesem Motiv ist eine dritte Stufe erreicht: In einer der Kürzestszenen, die sich gegen Ende des Dramas häufen, in der Szene „Freies Feld" (Szene 12; S. 19), wird die Unzuchtsformel zum Mordmovens, wiederum in die Natur projiziert: „[...] was sagt ihr? [...] Hör ich's da auch, sagt's der Wind auch? Hör ich's immer, immer zu, stich todt, todt." Woyzeck hört dies als – wie in der ersten Szene – Stimmen aus der Natur, die ihn zum Mord treiben (der Ort des Mordes ist dann mit denselben Regieanweisungen festgelegt wie der, an dem er anfangs die Stimmen hörte: „Abend. Die Stadt in der Ferne"). Damit wird in der dramaturgischen Konzeption der Mordhandlung der gesellschaftliche Zu-Zusammenhang seiner Entfremdung wiederholt: Der Mord wird als die letzte Konsequenz seiner Entfremdung angelegt – als folgerichtiges Resultat seiner Verdinglichung, seiner Welt – und Selbstentfremdung. Sie dringt auch in seine Privatsphäre ein, durch- und zersetzt sie. Deshalb kann – um auf die 'naive' Ausgangsfrage zurückzukommen – Woyzeck auf eine Wiederherstellung seines privaten Glücks o.ä. nicht hoffen, weil dieses, in welcher Szenenanordnung auch immer, von Anbeginn durch die gesellschaftlich produzierte Entfremdung mindestens in Frage steht. Deshalb bringt er Marie um, weil diese Entfremdung so total ist, so alles durchdringend, daß sie durch privates Glück, eben weil dieses zwangsläufig bereits davon betroffen ist, nicht aufgehoben werden kann.

„Was ist das, was in uns lügt, mordet und stiehlt?" fragt Büchner im Brief an seine Braut (Gießen, November 1833). Hans Mayer bezeichnet diese Frage als die Schlüsselfrage des Büchnerschen Werks, als „die Frage nach den bestimmenden und verursachenden Faktoren des menschlichen Schicksals" (Mayer, S. 339). Die, oder vorsichtiger: eine zu diskutierende Antwort:

„Die mögliche Antwort des Psychiaters: der Wahnsinn, kann nicht gelten; sie löst nur die neue und tiefere Frage aus: und was treibt diesen Menschen Woyzeck in die Verstrickung und Umnachtung des Geistes? Mit aller Schonungslosigkeit und Helligkeit aber antwortet das Drama, indem sein Held die Antwort gleichsam vorlebt: die Armut, die 'Umstände' seines materiellen Lebens treiben jenen Woyzeck in die Umdüsterung, in die Auflösung seiner Bindung zur Umwelt, ins Verbrechen" (Mayer, S. 341).

2.3.2.5 Die Frage des Dramenschlusses

Wie kann Woyzeck nach dem Mord an Marie weiterleben? Die Frage nach dem Dramenschluß ist damit für den Unterricht inhaltlich und nicht editionstechnisch oder formal gewendet. Sie wird hier aufgenommen, weil sie m.E. Diskussionsmöglichkeiten und produktive Weiterführungen enthält.

Vom Szenenmaterial her gibt es drei Möglichkeiten für den Dramenschluß:

„a) Selbstmord bzw. Ertrinken Woyzecks; Argument: die Beweiskraft der Szene am Teich [Szene 24; S. 27].
b) Fortsetzung des Geschehens durch ein Gerichtsverfahren; Argument: die fragmentarische und bislang nicht wirklich gedeutete Gerichtsdiener-Szene [Szene 26; S. 27].
c) ein 'offenes' Ende bzw. ein mögliches 'Dahinleben' Woyzecks; Argument: die Anlage der Bruchstücke und die Beweiskraft von [Szene 27; S. 28]" (Knapp, S. 127).

Der radikalen Konsequenz des Büchnerschen Sozialdramas entspricht am ehesten die letzte Möglichkeit: „ein intendierter Schluß, der der *Substanz* des Textes treu bliebe und zugleich dem *offenen Bauprinzip* Büchners entspräche: das letzte Ausgestoßensein, die absolute Einsamkeit Woyzecks [...]" (ebd.). Es wäre dies dieselbe aussichtslose Konsequenz der Entfremdung, die das Ende der Lenz-Novelle bestimmt: „So lebte er hin [...]". Ein weiteres Argument spricht für die Konsequenz dieses Schlusses: Selbstmord oder Ertrinken wären eine

literarische Lösung des in der diskontinuierlichen Szenenkomposition stets präsentgehaltenen gesellschaftlichen Konflikts, der eben nicht durch literarische Individualisierung zu lösen ist. Der Tod Woyzecks würde – der Dramenstruktur widersprechend – einen 'fiktionalen' Schlußpunkt setzen; ein offener Schluß vermeidet eine literarisch nur scheinhafte Lösung des Konflikts und verweist in die gesellschaftliche Realität.
Die unausgeführte Gerichtsdienerszene könnte in einer produktiven Schreibaufgabe ausgeführt werden. Die Erkenntnisse der unterrichtlichen Behandlung wären hier fruchtbar zu machen: Personen als Zeugen (Doktor, Hauptmann, Andres etc.), ihre Sprache, Rückbezüge zum Clarus-Gutachten und seinen Veränderungen – eine ganze Gerichtsszene könnte so schreibend und spielend entstehen, in der Woyzeck und seine Konfliktfelder rekapitulierend zu erfassen wären; wobei das Urteil wieder genügend Diskussionsmöglichkeiten ergäbe. Das wäre eine komplexe mündliche 'Lernzielkontrolle', die sich dadurch von einer meist ja eher analytischen Klausur unterscheiden würde, daß – wie im literarischen Rollenspiel – literarisch-involviert und nicht analytisch-distanziert die Auseinandersetzung mit dem gesamten Drama gestaltet würde.

2.3.3 Autor- und Werkintention

Bei Hauptmanns ‚Weber'-Drama war die Werkintention aufgrund der Rezeptionsbedingungen eher gegen die formulierte Autorintention zu verteidigen; bei Büchner gibt es keine Differenz zwischen beiden, möglicherweise, weil eine zeitgenössische Rezeption fehlt, die den Autor zu Rechtfertigungen etc. zwang, wie es bei Hauptmann der Fall war.
Deutlich ist die Veränderung der Autorintention und ihre Realisierung im Werk in den verschiedenen Textstufen detailliert nachvollziehbar. Ohne für die Schule irgendwelche philologische und editorische Detailgenauigkeit anzustreben, ist für diesen Zusammenhang eine grobe und exemplarische Darstellung der Textstufen illustrativ-exemplarisch, weil sie sich auf jene Szenen konzentriert, aus denen der Sozialzusammenhang des Dramas v.a. entwickelt wurde, grob, weil v.a. das erste Auftauchen der betr. Szene vermerkt wird (vgl. S. 38).
Schon die Benennung der einzelnen Textstufen nach Wilfried Buch (vgl. Hinderer, S. 177) signalisiert, daß die Stoffveränderung sich von der äußeren Handlung (Eifersucht, Mord) zum Schwerpunkt von Woyzecks Erleiden verlagert. Das wird gestützt durch die bloße Tatsache, daß die für den Sozialzusammenhang und damit also Woyzecks Entfremdung wesentlichen Szenen erst sukzessive dazu- und eingearbeitet werden:

„Mit der Einführung von Doctor und Hauptmann wird die zentrale Person Woyzeck in einen gesellschaftlichen Zusammenhang gestellt, der Personen wie Ereignisse bestimmt, so daß in der Entwicklung von H 1 zu H 2 (und H 4 bestätigt das) die Abkehr von der Eifersuchtstragödie zur Darstellung eines auf gesellschaftlichen Umständen beruhenden Irreseins stattfindet" (Meier, S. 33).

Lesefassung/Editionen	Entstehungsstufen (nach W. Lehmann)			
	H_1 „Eifersuchts-fassung" + „Mordfassung"*	H_2 „Grotesk-fassung"	H_3	H_4 „Leidensfassung" (*nach W. Buch)
Sz. 5: Der Hauptmann – Woyzeck	–	–	–	H 4,5
Sz. 8: Beim Doctor	–	(H 2,6) [...] Hat er schon seine Erbsen gegessen, nichts als Erbsen, nichts als Hülsenfrüchte, cruciferae, merk' er sich's. Die nächste Woche fangen wir dann mit Hammelfleisch an. Muß er nicht aufs secret? Mach er. Ich sag's ihm. Es giebt eine Revolution in der Wissenschaft. Eine Revolution! Nach gestrigem Bericht, 0,10 Harnstoff, u. salzsaures Ammonium +. Aber ich hab's gesehn, daß er an die Wand pißte, ich streckte gerade meinen Kopf hinaus, zwischen zwei Blattläuse, die sich begatteten, meiner Valessia u. Myan. Hat er mir Frösch gefange? Hat er Laich? Kein Süßwasserpolyp? Keine Hydra? Vestillen? Cristatellen? Stoß er mir nicht ans Mikroskop, ich hab eben den linken Backenzahn von einem Infusionsthier darunter. Ich sprenge sie in die Luft, alle miteinander. Woyzeck, keine Spinneneier, keine Kröten? Aber an die Wand gepißt! Ich hab's gesehen (tritt auf ihn los) Nein, Woyzeck, ich ärgre mich nicht [...]		(H 4,8) Hat er schon seine Erbsen gegessen, W.? – Es giebt eine Revolution in der Wissenschaft, ich sprenge sie in die Luft. Harnstoff 0,10, salzsaures Ammonium, Hyperoxydul. W muß er nicht wieder pissen? geh er einmal hinein u. probir er's. W: Ich kann nit H. Doctor. D (mit Affect) Aber an die Wand pissen! Ich hab' schriftlich, den Akkord in der Hand. Ich hab's gesehen, mit dießen Augen gesehn, ich steckt grade die Nase zum Fenster hinaus u. ließ die Sonnstrahlen hineinfallen, um das Niesen zu beobachten, denn die Sonne schien grade zufällig einmal wieder. (tritt auf ihn los) Nein W, ich ärgre mich nicht [...]
Sz. 18: Der Hof des Doctors	–	–	H 3,1	

Die Veränderungen der Doctorszene, die mit einem wesentlichen Ausschnitt in der Tabelle erfaßt sind (H 2,6 zu H 4,8), bestätigen und vertiefen diesen Befund. Der Textvergleich kann die stärkere Herausarbeitung des sozialen Akzents erweisen:
– H 4 ist inhaltlich und sprachlich erheblich reduziert – die Fortsetzung des Experiments mit Hammelfleisch ist getilgt; angesichts Woyzecks Zustand wäre diese Weiterführung redundant; ebenso gestrichen sind die Frösche etc., d.h., das Experiment ist auf das Wesentliche, Woyzecks Zerstörung, reduziert und konzentriert; sprachlich entfallen entsprechend Wiederholungen, auch die der (funktionslosen?) Fragebombardements;
– der entscheidende, für den Sozialzusammenhang zentrale Aspekt des 'Akkords' (= Vertrags) ist in H 4 neu eingefügt;
– damit wird der Akzent erheblich von der Groteske (vgl. die sich begattenden Blattläuse, der linke Backenzahn des Infusionstiers) zum Sozialen verschoben. Inhaltliche und sprachliche Raffung unterstützt diese Akzentverschiebung. –
Ein weiterer Textvergleich macht Inhalt und Identität von Autor- und Werkintention deutlich. In seiner Züricher Probevorlesung von 1836 (Editionen, S. 48ff.) kritisiert Büchner das teleologische Denken, das in allem nach Zweck, Wirkung, Nutzen fragt, und setzt das philosophische Denken dagegen, das nach „einem Grundgesetze für die gesamte Organisation" (S. 49) forscht. Was hier als naturwissenschaftliche Prinzipien erscheint, ist auf die Analyse gesellschaftlicher Sachverhalte übertragbar. Hans Mayer setzt die kritisierte Teleologie mit

'Utilitarismus' gleich, 'bourgeoisem Nutzen- und Profitdenken'. „Eine Teleologie, die dem Reichen bestätigt, sein Reichtum sei ebenso naturgewollt wie die Armut der Entbehrenden, da er der Stärkere in der 'Auslese' sei, galt Büchner als ebenso verächtlicher Ideologienbetrug wie die christliche Verheißung jenseitiger Freuden [...]" (Mayer, S. 369).
In diesem Sinne scheint das Teleologieprinzip in der Rede des Handwerksburschen qua Parodie kritisiert (Szene 11; S. 17ff.: „Wirthshaus"): Die Teleologie wird formal – durch die blasphemische Predigt-Parodie – und inhaltlich („Warum ist der Mensch?") als das affirmative Prinzip falscher kirchlicher Verkündigung und als die Realität der Gesellschaft (vgl. Jancke, Editionen, S. 61f.) bloßgelegt, die den Menschen dem Zweck unterordnet und ihn dadurch entfremdet – die eigentliche Ursache also für Woyzecks Leiden (vgl. Meier, S. 62). Diese Verbindung der an sich ‚dysfunktionalen' Szene zu Woyzeck existiert wiederum in H 2,4 erst verdeckt; durch die Einfügung der Woyzeck-Passage am Fenster (H 4,11) wird sie unmittelbar einsehbar; wiederum wird damit das Eifersuchtsmotiv auch dramaturgisch direkt in den Sozialkontext gerückt. Gleichzeitig wird aber damit ein wesentlicher Unterschied zwischen Woyzeck und den Handwerksburschen signalisiert: Während er und Marie grundsätzlich das kirchliche und gesellschaftliche Prinzip der 'Teleologie', dieses erleidend, anerkennen, durchschauen es die Handwerksburschen, indem sie es souverän (auch rhetorisch) parodieren – sie bilden, als einzige Gruppe, ein noch latentes 'revolutionäres Ferment' (vgl. Editionen. S. 56). Auch darin liegt noch kein 'utopisches Moment' – eine Lösung der gesellschaftlichen Widersprüche ist durch die trunkenen Handwerksburschen so wenig in Sicht wie durch den entfremdeten Woyzeck selbst. Indem aber Büchner so dezidiert Darstellungsart und Methode des Clarus-Gutachtens umkehrt und Woyzeck nicht wie dieser als isoliertes Individuum, sondern als Opfer eines gesellschaftlichen Prinzips ('Utilitarismus') zeigt, sind Autor- und Werkintention, trotz fehlender Utopie, nicht mit Nihilismus oder Fatalismus zu beschreiben. Durch die parodistische Entlarvung der Teleologie, durch die satirische Bloßstellung der unterdrückenden gesellschaftlichen Repräsentanten Hauptmann und Doktor, durch die Individualisierung von Woyzeck und Marie, die Übernahme ihrer Perspektive, ihrer Sprache und Sprachlosigkeiten – durch all dies nimmt Büchner Partei für die Unterdrückten (wie Clarus Partei gegen sie ergreift). „Wenn nichts sichtbar und spürbar ist, was retten und ändern könnte, so bleiben bloß Mitleid und Liebe zur leidenden Kreatur [...] das Mitleiden des Dichters mit seinem Geschöpf" (Mayer, S. 346f.). Es ist aber ein Mitleiden, das sich der Grenzen der politischen Wirkung von Literatur ebenso bewußt ist wie der realen Veränderungsnotwendigkeit der Gesellschaft – in der Gesellschaft und durch die Gesellschaft (vgl. Briefe an die Familie, 1. 1. 1836 und an Gutzkow, Straßburg 1836).
Für die Intentionen des sozialen Dramas heißt das: kein Revolutionsaufruf, keine direkte politische Agitation. Aber ein Mensch der niedrigsten sozialen Schicht, schärfer: ein von der sozialen Hierarchie Betroffener, aber außerhalb ihr Stehender wird, literaturgeschichtlich erstmals, 'bühnenwürdig' – ein Vorgang, der die Auflösung der Ständeklausel durch das Auftreten des Bürgers als Held im bürgerlichen Trauerspiel an Radikalität übertrifft; denn „Büchner macht mit ‚Woyzeck' den Pauperismus bühnenwürdig, setzt aber keine neue Ständeklausel gegen die alte; die Hierarchie der Stände wird nicht einfach umgedreht, sondern grundsätzlich abgelehnt" (Meier, S. 75).

2.3.4 Rezeptionsvorgaben des Dramas und Aktualität

Eine kontroverse zeitgenössische Rezeption wie bei den ‚Webern' fehlt für Büchners soziales Drama. Methodisch scheint es mir dennoch sinnvoll, am Ende der Dramenbehandlung auf Rezeptionsfragen einzugehen, indem die Diskussion bei den Leseerfahrungen der Schüler und der Verstehensentwicklung ansetzt – und dies nicht, um abschließend zu mehr oder weniger unverbindlichen, aber schülerorientierten Geschmacksurteilen zu gelangen, sondern um Rezeptionsanforderungen auf die Spur zu kommen. Was also macht es im Drama unserer heutigen aktuellen Rezeption so schwer? Was stellt sich aktuellem Verstehen in den Weg? Ich nenne als Diskussionsanstoß einige ergänzbare Momente:

– Die gewohnte Leseerwartung auf eine kontinuierliche Handlung, einen plot, wird 'enttäuscht' und destruiert; wo Ansätze zu einem strukturell vertrauten plot erscheinen (etwa Eifersuchts-Mord-Handlung), merkt man beim Lesen sehr schnell, daß er nicht weiterführt, über- und umlagert wird durch andere, nicht unmittelbar einsichtige (Konflikt-)Felder. Die die diskontinuierlichen Szenen verbindenden metaphorischen Verklammerungen sind nicht eindeutig – sie verändern, sofern erkannt, ihren semantischen Gehalt (vgl. 'Immer zu' und 'heiß').

– Die Diskontinuität der Szenenanordnung (= der Komposition) wird noch verstärkt durch die 'dysfunktionalen' Szenen – sie sprengen den Handlungszusammenhalt noch zusätzlich, weil sie sich einer unmittelbaren Zuordnung zu 'verstandenen' Szenen entziehen. Das Stück fordert deshalb die Reflexion des Lesers/Zuschauers: Die Verknüpfung der diskontinuierlichen und dysfunktionalen Szenenpartikel zu einem 'Verstehensarrangement' muß durch dessen Reflexion geleistet werden. Darin allerdings liegt ein wesentliches Moment von Aktualisierung: Lesend wird der Leser in das Stück involviert (sofern er sich nicht dem Verstehensprozeß prinzipiell verweigert).

– Sprache und Dialog sind nicht nur in ihrer Inhalte transportierbaren, 'semantischen' Funktion lesbar, sondern fordern stärker als (ästhetische) Texte allgemein die Beachtung ihrer formalen Struktur: Sprachschichten müssen als Soziolekte verstanden werden, auch als Persiflage von Fachsprache (vgl. Doktor). Parataxe, Elemente, die den Satzfluß unterbrechen (Anakoluth, Ellipse etc.; Beispiele vgl. Klotz, S. 253f.), Diskontinuität der Rede, isoliertes und wiederholtes Einzelwort etc. (vgl. Krapp, S. 79ff.) fordern beim Leser eine Art 'metakommunikativer Perspektive' – er liest sie als Kommunikationselemente und muß sie gleichzeitig als Elemente von Kommunikationsverhinderung, -abbruch, als Signale von Unterdrückung und Sprachlosigkeit deuten.

– Die 'afinale Kreisbewegung' der Komposition ist letztlich als formale Widerlegung der inhaltlich dargestellten 'Teleologie' zu verstehen. In der Dramenform wird ein Ordnungsbegriff negiert, "nach dem alles Existierende seinen Zweck in einem Anderen hätte, somit tendenziell seiner selbst entfremdet wäre. Die Entfremdung, die das soziale Grundgesetz in Büchners realer wie auch literarischer Welt ist, wird also kritisiert durch die formale Organisation des ‚Woyzeck', die dadurch – anders als der Inhalt – ein *utopisches Moment* der Freiheit von Entfremdung besitzt" (Meier, S. 68).

– Inhaltlich schließlich ist Woyzeck alles andere als eine Identifikationsfigur – prima vista erscheint er zunächst als 'pathologischer Fall', das Absonderliche schiebt sich vor jede Identifikations- oder auch nur Mitleidensmöglichkeit. Die soziale Unmittelbarkeit, die trotz historischer Distanz den Zugang zu Hauptmanns ‚Webern' erleichtert, fehlt hier – die soziale Vermittlung seines Wahns ist erst zu begreifen. Außerdem ist die soziale Welt des Dramas keine irgendwie anschaulich ausgemalte, historisch in ihrem Erscheinungsbild farbig erkennbare Realität (s. karge Bühnenanweisungen, wenige, eher typisierende Orte wie „Freies Feld", „Kammer"). Erst wenn diese Reduktionen als Strukturprinzipien erkannt sind, wenn die involvierende Reflexion des Lesers/Zuschauers als Rezeptionsvorgabe begriffen ist, kann die Aktualisierung auf veränderte geschichtliche Bedingungen, die das Stück gerade durch seine Reduktion und das Fehlen jeder Historienmalerei ermöglicht, diskutiert werden. Als unterrichtlicher Impuls sei dazu abschließend eine kurze Zeitungsmeldung vorgeschlagen, die – unter der Fragestellung: Welche politische Brisanz muß in dem Drama gesehen werden, daß es heute noch zu einem Verbot kommen kann? – die Diskussion über die Aktualität auslöst und in einem weiteren Schritt auf unsere eigenen politischen Verhältnisse übertragbar macht (zur Aktualitätsfrage s. auch Editionen. S. 64ff.):

‚Woyzeck' im Sudan verboten

KINSHASA. Die arabischsprachige Aufführung von Georg Büchners Drama ‚Woyzeck' (1836) unter der Regie des deutschen Regisseurs Wolfram Mehring im sudanischen Nationaltheater in Khartum ist von der Regierung des Landes verboten worden. Dies wurde in Kinshasa, der Hauptstadt der afrikanischen Republik Zaire, bekannt, worin Mehring sofort nach dem Verbot ausreiste. Die Premiere war angeblich von 600 Zuschauern mit Begeisterung aufgenommen worden. Das folgende Verbot sei damit begründet worden, daß das Stück und die Inszenierung eine Kritik an den Regierenden darstellten. Mehring arbeitet zur Zeit am Zaire-Nationaltheater mit. dpa
(*Frankfurter Rundschau, 5. 4. 1976.*)

2.3.5 Integration: Das Großmuttermärchen (Szene 19, S. 23f.)

Der unterrichtlich immer wieder ergiebige Vergleich des Großmuttermärchens mit dem Grimmschen Sterntalermärchen (möglichst in der sprachlich 'rauheren' Urfassung) zeigt rasch die Unterschiede: „Das Märchen verkehrt sich tragisch in sein Gegenteil" (B. v. Wiese, S. 533), weil an die Stelle der Erlösung und der Belohnung für gute Tat das 'Nichts', die totale, unwiderrufliche und unaufhebbare Einsamkeit tritt (vgl. den Tempuswechsel: „*war* ganz allein" – „da sitzt es noch und *ist* ganz allein."). Leicht übersehen werden aber die formalen Gemeinsamkeiten des Büchnerschen Textes mit der Märchengattung. Zunächst ist die Ausgangssituation beider Märchen gleich: Das Mädchen hat die Eltern verloren, also die Beziehungspersonen von Geborgenheit, beide sind arm, beide brechen auf – typischer Märchenbeginn – 'in die Welt' mit der im Märchen stets unausgesprochenen Hoffnung, 'Glück' zu finden. Die Abstraktheit der Märchenform behält Büchner bei: Zeitlosigkeit, nicht festgelegte und typisierte Räume, ent-individualisierte Personen (keine Namen, Funktions- oder Gattungsbezeichnungen). Büchner erhält somit deutlich Formelemente volkstümlichen Erzählens, was auch durch die typische Erzählsituation (Großmutter, 'Es war einmal') unterstrichen wird. Hier wie bei der häufigen Verwendung von Volksliedern, Bibelbezügen etc. situiert Büchner das Geschehen im Volk (von hier aus kann kurz auf Büchners Volksauffassung eingegangen werden, vgl. Editionen, S. 37f., Brief an Gutzkow, Straßburg 1836), gestaltet es 'authentisch' mit dessen Sprache (vgl. Dialekt des Märchens) und dessen einfachen, kollektiven Anschauungs- und Textmustern von 'oral poetry', die 'aller Besitz ist' und die „alte Erfahrungen und Weisheiten (birgt), nach denen das Unbewußte strebt, sich Bestätigung zu holen" (Klotz, 192). Diese Bestätigung aber wird in Büchners 'Antimärchen' versagt, weil sie in dem historischen Zustand, den der Dramenkontext ausbreitet, nicht mehr möglich ist. Mit den Mitteln der „einfache[n], ohne Umweg über den Intellekt zugängliche[n] Bildwelt" (Klotz, S. 191) wird diese inhaltliche Umkehrung gestaltet. Deren drei (vgl. Zahlenstereotypie der Gattung) Stationen werden mit desillusionierenden Metaphern umschrieben, deren Gemeinsamkeit in ihrer Bedeutung von Verfall („*faul* Holz") und Tod besteht („*verreckt* Sonneblum" und das grausame Bild des Neuntöters, der die Mücken lebendig auf die Stacheln von Schlehen steckt). Die Bilder veranschaulichen einen generellen Zustand von Tod, der in der Ausgangssituation bereits anwesend ist und sich durch die parataktische Reihung jeder Ursache-Folge-Beziehung oder Kausalität (etwa als Folge des Verlustes der Eltern) entzieht. Daß das Mädchen diese desillusionierende Erfahrung an Mond, Sonne und Sternen macht, deren *Schein* von Schönheit, Zuwendung, Glück („der Mond guckt es so freundlich an", „golde Mück") decouvriert wird, gibt der Erfahrung eine kosmische, jeden denkbaren Erfahrungsraum ausfüllende Dimension, die sich bei der Rückkehr zur Erde bekräftigt. An dieser Stelle ist Janckes präzise Interpretation heranzuziehen (vgl. Editionen, S. 62f., ausgehend von seiner Deutung des „umgestürzten Hafen"). Diese raumausfüllende, 'afinale Kreisbewegung' des Märchens entspricht nun dem Dramenkontext. Das Märchen ist solange unvollständig interpretiert, als es nicht mit diesem verknüpft wird. Diese Verknüpfung der scheinbar dysfunktionalen Szene ist wiederum durch die Reflexionsarbeit des

Rezipienten zu leisten. Im Mikrokosmos der Szene selbst wird das Märchen in den konkreten Zusammenhang vor der Haustür (also nicht in einem gehobenen Schichten vorbehaltenen Spielzimmer o.ä., ohne Spielzeug etc.) spielender Kinder aus Maries Milieu gestellt; im Dramenzusammenhang folgt die Mordszene. Der minimierte Schlußdialog der Szene nimmt die Ziellosigkeit des Märchens auf und setzt sie fort („Wohinaus" – „Weiß ich's?"). Der Szenenkontext bezieht also, so reduziert er gehalten ist, die Märchenebene auf den sozialen Zusammenhang und die davon abhängige Mordhandlung. Mit dem 'Makrokosmos' des sozialen Dramas als ganzem ist das Märchen darüber hinaus durch etliche metaphorische Verklammerungen verknüpft: „Alles todt!" sagt Marie Ende Szene 16, S. 21, als sie die Ehebruchgeschichte der Bibel gelesen hat; die Mücken des Märchens erscheinen bereits in dem wichtigsten Woyzeck-Einschub der Handwerksburschenszene, dort auch das Ausblasen der Sonne (Szene 11, S. 17ff.). Die Verwesungsbilder des Märchens sind in den Handwerksburschenreden sogar auf Geld spezifiziert. („Selbst das Geld geht in Verwesung über." Das zusammenhanglose 'Selbst' setzt die 'kosmische' Verfallsdimension des Märchens, ohne direkten Verweis, voraus.) Schließlich bildet der Mond ein zentrales Motiv der folgenden Mordszene (Szene 20, S. 24f.: „Was der Mond roth auf geht" – „Wie ein blutig Eisen."). Was sich also prima vista als dysfunktionaler Bestandteil des Dramas, als nihilistisches Antimärchen liest, ist durch die metaphorische Verklammerung als sozialer Integrationspunkt des Gesamten zu entschlüsseln: Das Märchen wird damit im Dramenkontext zur Parabel für die im Drama gestaltete gesellschaftliche Gesamtsituation. Die Applikation dieser Verallgemeinerung, die Woyzeck selbst und Marie sowie alle 'Geschöpfe' des Dramas, denen das Mitleiden des Dichters gilt, umfaßt, ist vom Leser zu leisten. Daß dies Mitleiden Büchners eigener Erfahrung und Intention entspricht, läßt sich aus dem Ende des Briefes an die Familie (1. 1. 1836) ablesen, der inhaltlich in der Nähe zum Großmuttermärchen steht:

„Ich komme vom Christkindelsmarkt: überall Haufen zerlumpter, frierender Kinder, die mit aufgerissenen Augen und traurigen Gesichtern vor den Herrlichkeiten aus Wasser und Mehl, Dreck und Goldpapier standen. Der Gedanke, daß für die meisten Menschen auch die armseligsten Genüsse und Freuden unerreichbare Kostbarkeiten sind, machte mich sehr bitter."

2.4 Jakob Michael Reinhold Lenz: ‚Die Soldaten' (1785/86)

Sechzig Jahre – über ein halbes Jahrhundert Geschichte und Literaturgeschichte: Französische Revolution, Napoleon, Befreiungskriege, Restauration; Klassik/Romantik, Biedermeier – liegen zwischen Büchners ‚Woyzeck' und Lenzens ‚Soldaten'. Und doch erweist dieses Stück 'alter' Literatur bei genauer Betrachtung stets aufs neue seine erstaunliche Modernität in der Behandlung seines sozialen Stoffs, in seinen formalen Innovationen zumal. Trotz der Leseschwierigkeiten, die das Stück v.a. sprachlich für Schüler hat, lohnt sich gerade für den Zusammenhang des sozialen Dramas die Lektüre: Es bezeichnet eine oder die erste Ausprägung dieses Formtypus, etabliert eine sozialkritische realistische Tradition und Wirkungspoetik, die über Büchner bis zu Brecht reicht, und zeichnet radikal als Erbe und Konsequenz der Aufklärung und des Frühkapitalismus Transzendenzverlust sowie Ökonomisierung und Entfremdung der bürgerlichen Verhältnisse – hinzuzufügen ist: unter den historischen Erkenntnisbedingungen des 18. Jahrhunderts.

2.4.1 Zugänge zum Stück

Die Schwierigkeiten der Lektüre und einer historisch adäquaten unterrichtlichen Behandlung liegen außer in der Sprache (französische Modeausdrücke, Auslassungen beim Gesagten, Geniestil etc.) und in den – im Rahmen dieses Projekts von Büchner her bekannten –

Kürzestszenen in der, verglichen mit den anderen behandelten Dramen, erheblich größeren historischen Distanz, in der für heutige Verhältnisse und Moralvorstellungen kaum sichtbar zu machenden Relevanz des sozialen Konflikts (Verführung einer Bürgerlichen durch einen adeligen Offizier, sozialer 'Abstieg' als Folge) und schließlich darin, daß den Schülern in aller Regel poetologische und literarhistorische Vergleichsebenen (Aristoteles, Aufklärung, die klassizistische Tragödie Frankreichs) fehlen. Unterrichtspraktisch gesehen, verfügen die Schüler andererseits – bei der Behandlung des dritten Dramas in dieser Reihe – zunehmend über interpretationsmethodisches Rüstzeug, so daß sie in der Werkanalyse an Selbständigkeit gewinnen und hier manche Behandlungsaspekte abgekürzt resp. als Hausaufgabe erarbeitet werden können. Wegen der gravierenden vorher genannten Schwierigkeiten sollte aber gleichwohl nicht unvermittelt an das Stück herangegangen werden; positiv ausgedrückt: Hilfen, um in das Stück und seine Problematik 'hineinzukommen', sind nötig.

2.4.1.1 Erster Zugang: unterrichtliche Lektüre von I,1 und I,3

Im Lesen der genannten Szenen (mit verteilten Rollen in einer 'Einlese-Stunde') und in der Szenenanalyse wird die Grundkonstellation des Dramenkonflikts deutlich: Mariane zwischen dem bürgerlichen Verlobten Stolzius und dem adeligen Desportes – und unter dem Druck oder Einfluß ihrer bürgerlich-familiären Umwelt (Charlotte, Vater). Daß Marianes Beziehung zu Stolzius nicht mehr nur eine 'informelle' Liebelei ist, geht schon daraus hervor, daß sie an dessen Mutter schreibt – nicht in einem ihr und ihrem Alter angemessenen, 'natürlichen' Stil, sondern in dem offiziellen, den sie von ihrem Kaufmannsvater kopiert. Es ist der Kommunikationsstil zwischen Erwachsenen, der ihr gegenüber der künftigen Schwiegermutter angemessen erscheint. Diese angenommene, aber eben darum aufgesetzt und komisch wirkende Sprachebene offenbart in nuce eine der Grundspannungen des Stücks: zwischen Nichtidentität und vorgegebener Identität Marianes, zwischen sozialem Schein und Sein, zwischen Kindlichkeit und Erwachsensein oder Für-Erwachsen-Gehalten-Werden (-Wollen). Diese Spannung wird in der ersten Gegenüberstellung Marianes mit Desportes in I,3 ausgebaut: Kopiert sie den Geschäftsstil ihres Vaters, um soziale Gleichrangigkeit zu dokumentieren, so zitiert sie nun – allerdings mit dem gleichen Ziel, da sie damit die gegenteilige Aussage bei Desportes provozieren will – ihre Mutter: „Meine Mutter hat mir doch oft gesagt, ich sei noch nicht vollkommen ausgewachsen, ich sei in den Jahren wo man weder schön noch häßlich ist" (Editionen, S. 7, Z. 7, dieselbe Formel „Meine Mutter hat [...] gesagt" auch S. 6, Z. 26). Da Wesener in diesem Moment hereintritt, ist der Baron einer Antwort enthoben – ihre spätere Verführung und ihre Verführbarkeit aber belegen faktisch, qua Handlungsverlauf, das Gegenteil ihrer Aussage.

Der Druck der familiären Umwelt ist in dem bisher Gesagten bereits impliziert: die Mutter, die Situation und Verhältnisse realistisch einschätzt; der Vater als dominante Bezugsperson und Autorität, der aufgrund seiner existenzsichernden Geschäftsverbindungen mit dem Adel dem Baron bezüglich seiner Annäherung an Mariane keine definitive Abfuhr erteilt, sondern lächelnd (vgl. S. 9, Z. 21) punktuelle Einwendungen macht, die lediglich die Dokumentation einer Liaison nach außen (Präsente, Zitternadel, Komödienbesuch) verhindern sollen. Die Geschäftsbeziehung ist die Substanz des Verhältnisses von Wesener und Desportes (vgl. S. 7, Z. 8ff., S. 9, Z. 35ff.), sie darf nicht aufs Spiel gesetzt werden. Der Szenenschluß fügt der innnerfamiliären Konstellation einen wesentlichen Befund hinzu, der Charlottes immerwährende Sticheleien (vgl. I,1) als (sozialen) Neid identifizieren läßt: Mariane ist Weseners bevorzugtes Kind, und gerade das ermutigt Mariane zur Annahme, im sozialen Erwachsenenstatus („für mich selber sorgen lassen", „kein klein Kind mehr", S. 10, Z. 23f.) zu sein. Die Ambiguität der Tochter-Vater-Beziehung zeigt sich darin, daß Mariane hinter dessen Rücken (als Wesener den Raum kurz verläßt; vgl. auch die gestische Anweisung S. 9,

Z. 13f.) sich mit Desportes verabredet – ihre Verführbarkeit wird hier antizipatorisch als Movens der faktischen Verführung anschaulich. –
Wenngleich die Szenen I,1 und I,3 den Handlungsverlauf im Privatbereich anlegen – beide Szenen spielen im Wohnraum Weseners –, wird in ihnen der sozial komplementäre Bereich des adeligen Offizierkorps bereits deutlich und damit ein Kompositionsprinzip des gesamten Dramas, das mit Volker Klotz das „Prinzip der komplementären Stränge" (Klotz, S. 103) zu nennen ist. In Desportes und der Familie Wesener sind zwei gesellschaftliche Bereiche verkörpert, zwischen denen Konfliktpotential und Verbindungen existieren. Die Verbindungen liegen im Wirtschaftlichen – Wesener ist Kaufmann, Desportes sein Kunde –, das Konfliktpotential liegt im Sozialen – was zunächst gar nicht auf einen Adel-Bürgertum-Gegensatz fixiert erscheint, sondern auf Gegensätze in der Lebensweise, speziell in dem Sonderstatus adeliger Milizen (vgl. S. 10, Z. 10ff.). Deren qua Berufsstand legitimierte 'Libertinage' ist mit bürgerlicher Strenge (Moral, öffentliche Unbescholtenheit, nicht ins Gerede kommen etc.) unvereinbar. Der auch im Stück vorhandene Standesgegensatz ist damit von vorneherein modifiziert, die historisch strikte Trennung der Standes-'Hemisphären' bereits perforiert – daher der fast intime Umgang zwischen Wesener und Desportes (vgl. S. 7, Z. 10: „Umarmt ihn.") und des Barons doppeldeutiges „Ich bin im Bürgerskleide" (S. 8, Z. 13), was meint: nicht in Uniform, aber damit auch nicht als Adeliger erkennbar, dem Bürgerlichenhabitus assimiliert.
Mit den beiden Expositionsszenen sind so strukturelle Grundlinien festgemacht, die für das ganze Drama gelten, darin weiter entfaltet und differenziert werden und dem Schüler Verstehenshilfen für die eigenständige Lektüre geben. Die Ergebnisse können, in einer ersten Skizzierung der Grundkonstellation, so aussehen:

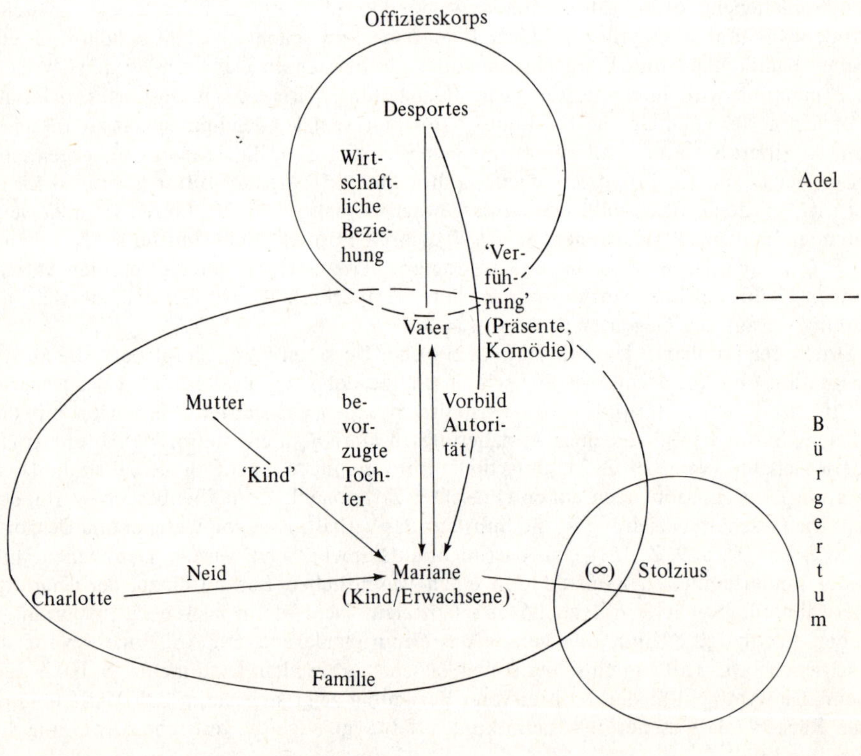

2.4.1.2 Zweiter Zugang: Irrelevanz des 'plots'?
Eine fiktive Zeitungsmeldung:

MUNSTER/SOLTAU, 2. September (xn). Zwei Bürger der Garnisonstadt Munster (Lüneburger Heide) wurden gestern am Rand der Kreisstadt Soltau in halbverhungertem Zustand von Passanten aufgefunden. Es handelt sich um den Munsteraner Juwelier W. und seine Tochter Marianne. Die junge Frau war von zu Hause fortgelaufen, weil der junge adelige Offizier von D. sie verführt, dann sitzengelassen und schließlich seinem Adjudanten 'überlassen' hatte. Über den Zustand W.'s und seiner Tochter ist nichts bekannt.

Die Zeitungsnotiz präsentiert abgekürzt den plot des Dramas als Aktualität. Als Einstieg nach der Lektüre des Gesamtdramas provoziert sie Fragen, die historische Distanz zum Stück, seine Aktualität resp. die Irrelevanz des Sujets für heutige Leser, aber auch mögliche Interessenschwerpunkte, Leseerfahrungen und Aktualisierungsaspekte artikulierbar machen können. Woran liegt es, daß eine solche Meldung heute allenfalls als Kuriosität oder als nicht ernstzunehmender Aufmacher der Regenbogenpresse aufgefaßt würde? Der Wandel privater und öffentlicher Moral, die – relative und vielleicht diskussionswürdige – Integration des Militärs in die demokratische Gesellschaft, die Veränderungen sozialer Schichtung ('gemischte Gesellschaft' heißt es schon ironisch bei Nestroy) und das Zurücktreten jeden Adel-Bürgertum-Gegensatzes wären hier zu erörtern.
Die Verdünnung des Dramengehaltes in der Zeitungsmeldung führt aber auch zu dessen eigentlicher Komplexität hin: Der soziale 'Fall' Marianes ist ja mehr als ein komödiantisches Verführungsstückchen. Die Diskussion von Lektüreeindrücken, die über den ausgedünnten plot hinausgehen, erlaubt die Formulierung von Untersuchungsfragen für die eigentliche Analyse und von Aktualisierungsaspekten, die etwa das Stück für eine heutige Theateraufführung geeignet erscheinen lassen.

2.4.1.3 Dritter Zugang: Kipphardts ‚Soldaten'-Bearbeitung
Die Schlußfrage des zweiten Dramenzugangs läßt sich weiterführen zu dem Problem, was einen zeitgenössischen Regisseur/Autor zu einer Aufführung/Bearbeitung des Stücks reizen könnte. Aufgrund ihrer Leseerfahrungen und der bisherigen Diskussion bilden die Schüler Hypothesen, von denen aus Kipphardts Bearbeitungsannotationen erarbeitet werden (Editionen, Kap. IV der Materialien, S. 94ff.). Anmerkungen wie Rezensionen sind (evtl. gruppenweise aufgeteilt) auf drei Ebenen auszuwerten: Welche Wertungen des Originals werden gegeben (z.B. S. 101: gesellschaftskritische Relevanz, und kontrovers dazu: S. 105: statt Gesellschaftskritik – Faszination der absurden Widersprüchlichkeit des Soldatendaseins)? Welche interpretatorischen Hinweise zum Lenz-Stück werden gegeben (z.B. S. 104: „begriffslos selbständige Objektivität"; statt vorgeformter Charaktere interessenbestimmte Menschen, S. 101)? Welche aktualisierenden Veränderungen nimmt Kipphardt vor (z.B. Pirzel, Aaron-Episode)?
Die Herausarbeitung dieser Ebenen in den Rezeptionsdokumenten führen ins Zentrum des ‚Lenz'-Dramas selbst hinein: Wiederum wird die historische Distanz manifest, aber eben auch hinter der Folie der Aktualisierung der Problemgehalt des Originals und dessen Form sowie der Einfluß auf spätere Dramatikergenerationen. Kipphardt formulierte selbst in seiner Nachbemerkung zur Bearbeitung:

„Der Verfasser hält ‚Die Soldaten' des J. M. R. Lenz für eines der Schlüsselstücke des deutschen Dramas. Seine Spuren führen über Büchner Grabbe, Wedekind, Brecht, Horváth in das zeitgenössische deutsche Drama. Obgleich eines der folgenreichsten Stücke, blieb es eines der unbekanntesten. Einige Versuche, das Stück auf der deutschen Bühne zu etablieren – zum ersten Mal von Max Reinhardt während des Ersten Weltkrieges unternommen – blieben ohne die erhoffte Nachwirkung. Die Untersuchung des Stückes schien mir zu zeigen, daß die Gründe dafür im Stück selber liegen, in dessen unfertigem Zustande." (In: H Kipphardt; Die Soldaten nach J. M. R. Lenz. Suhrkamp, Frankfurt a.M. 1968 [es 273], S. 91.)

Was hier behauptet wird, ist im Unterricht zu diskutieren und auszufüllen (Büchnerbezüge, Unfertigkeit des Stücks). Was Kipphardt verändert, kann an einem besonders signifikanten Beispiel – nämlich der Bearbeitung der Aaron-Episode (vgl. Editionen, S. 95f. und S. 109) – noch in eine Grundeinsicht historischen Verstehens überführt werden. Der hermeneutische Sinn der bearbeitenden Aktualisierung liegt darin, daß das lesende Subjekt seine eigenen historischen Erfahrungen der 'Zeit der Aneignung' (Steinbach) mit den im Stück dargestellten aus der 'Zeit der Entstehung' vermittelt: Der heutige Leser liest im Bewußtsein der fortgeschrittenen Geschichte des 20. Jahrhunderts. Das heißt: Die Aaron-Episode ist für uns heute nicht mehr 'bewußtlos' als Soldatenjoke zu lesen, sondern nur in dem konkreten Bewußtsein des technisch perfektionierten Antisemitismus im Faschismus, obwohl die Szenenbearbeitung daran nur durch Hinweis auf ein Pogrom erinnert (Aaron: „War ein Pogrom in Rowno, ich hab verloren mein Handel, war ein Pogrom in Brodno, ich hab verloren mein Sohn, Gad, was verlier ich jetzt?" [Kipphardt, S. 45]). Aus der Einsicht, was aus Judenspäßen historisch werden konnte, verliert die Aaron-Episode jede Harmlosigkeit. –
Die in 3.1 vorgestellten Zugänge zum Drama bauen in dieser Folge aufeinander auf; sie können aber unterrichtlich auch, alternativ, einzeln gewählt werden.

2.4.2 Werkanalyse

2.4.2.1 Handlungsaufbau: komplementäre Stränge

Um einen Überblick über das gesamte Werk zu erhalten, wird wiederum eine Strukturskizze vorgeschlagen, die an die Szenenanalyse von I,1 und I,3 anknüpft, indem sie als Gliederungsprinzip die dort schon ansatzweise erarbeiteten komplementären Stränge des Individuellen und des Kollektiven verwendet. Die Skizze ist von den Schülern selbständig zu erarbeiten (Hausaufgabe oder Arbeitsauftrag); der folgende Skizzierungsvorschlag kann ihnen aber auch vom Lehrer zur Erläuterung und Verbalisierung vorgelegt werden; Ort (Handlungsorte: Lille, Armentières, Philippville; Innen- und Außenräume) und Zeit wären dann von den Schülern zu ergänzen.
Die Skizze (vgl. S. 46) visualisiert folgende Befunde:
– In der gestrichelten Linie erscheinen die Stationen von Marianes 'Entwicklung' und 'Fall' – die Aufwärtsbewegung steht jeweils für den mit jeder Offiziersverbindung Marianes subjektiv angenommenen sozialen Aufstieg; die Abwärtsbewegung für den sozialen Fall, der sich in den Kürzestszenen ab IV,4 rapide vollzieht und in ihnen ihre formale Entsprechung hat. Diese Deutung der Handlungskurve um Mariane legt den Akzent bereits auf den sozialen Zusammenhang ihrer Entwicklung, nicht auf den erotisch-sexuellen oder den eines individuellen Schicksals. Entscheidungsszenen in der Handlungsentwicklung, in denen auch dieser soziale Akzent enthalten ist, sind umrandet. Zu diskutieren an dieser Aufstiegs-Abstiegskurve ist hier bereits die Differenz zwischen subjektiver Sicht Marianes (und ihres Vaters) und der dem Zuschauer/Leser bereits bewußten objektiven sozialen Realität: So läßt Mariane objektiv die relative Stabilisierung ihrer Verhältnisse bei der Gräfin de la Roche hinter sich (III,10 bis V,3) – einer Stabilisierung allerdings, die sie in ihren bürgerlichen Status zurückführt –; subjektiv erhofft sie sich von der Wiederaufnahme der Beziehung zu Mary doch noch die Wiederherstellung des Verhältnisses mit Desportes und den sozialen Aufstieg. Faktisch beginnt aber gerade hier der rapide Abstieg. Diese Differenz und mit ihr die Illusionsanfälligkeit der bürgerlichen Schicht sind eine wichtige Voraussetzung für die Analyse des Sozialzusammenhangs im Drama.
– Parallel geführt durch eine zweite Linie ist zwischen III,3 und IV,10 der ökonomische 'Fall' des alten Wesener: Durch seine Bürgschaft für Desportes macht er privat und wirtschaftlich bankerott. Sozialer und ökonomischer Abstieg gehen Hand in Hand (vgl. auch

V,1: „Mein Handel hat auch nun schon zwei Jahre gelegen [...]"), ohne daß allerdings dadurch sein bürgerliches Selbstverständnis, seine Moral, kurz: seine 'Ideologie' subjektiv erschüttert würden oder ihre Geltung verlören: Sparsamkeit („Nein keine Post" – gemeint ist: Postkutsche – „nehm ich nicht", V,1), Orientierung – auch privater Angelegenheiten – am Kostenfaktor („Mein armes Kind hat mich genug gekostet eh sie zu der Gräfin kam", ebd.), Religiosität („Man muß Gott vertrauen –", ebd.), Ehrenhaftigkeit („schämt Ihr Euch nicht, einem honetten Mann das zuzumuten", V,4), moralische Überheblichkeit trotz der Erfahrung der eigenen familiären 'Amoralität' (symptomatisch die gesamte Wiederbegegnungsszene V,4).

– Die Moralität des bürgerlichen Bewußtseins ist an dem Motivstrang 'Luder, Hure', 'Präsente' und 'Gerede' zu verfolgen: Die Aburteilung eines bürgerlichen Mädchens, das sich mit 'den' Soldaten einläßt, ist schnell bei der Hand; noch in V,4 sagt Wesener zu der noch nicht erkannten Fremden, was er als das Schicksal des eigenen Kindes längst weiß und die Umwelt über Mariane lange, bevor es zutrifft, urteilt: „Geht, lauft Euren Soldaten nach" – die Aburteilung als Hure. Bereits in I,4 wird Mariane vom Vater „Luder", von Charlotte „gottvergeßne Allerweltshure" genannt. Präsente haben deshalb gerade für diesen Zusammenhang ein so starkes motivisches Gewicht, weil sich in ihnen, was 'man' nicht tun darf, für die bürgerliche Öffentlichkeit dokumentiert. 'Gerede' ist infolgedessen die Kommunikationsform öffentlicher Verurteilung, bei der der Betroffenen jede Möglichkeit zu Stellungnahme, Korrektur, Verstehbarmachen der Verhältnisse genommen ist. In diesem Zusammenhang können auch, mindestens teilweise, die Briefe gesehen werden: Sie sind nicht Handlungsmovens oder Mittel der Intrige (wie häufig in der Tragödie), sondern Bewußtseinsdokumente des Schreibers oder des Empfängers (so bereits der besprochene Brief in I,1; so der Brief Marianes an Stolzius, der dessen Mutter sogleich zu der moralischen Aburteilung veranlaßt: „Das Luder ist deiner nicht wert gewesen. Was grämst du dich, was wimmerst du um eine solche – Soldatenhure." III,2. Symptomatisch ist, daß der Inhalt des Briefes hier gar nicht direkt vorgeführt wird – er ist unwesentlich gegenüber der moralischen Konsequenz, die er auslöst; vgl. zur „Verwendung des Briefrequisits": Schwarz, S. 83).

– Die Figur des Stolzius steht in der Skizze außerhalb des sozialen Schicksals Marianes: Wohl ist er davon betroffen und reagiert sozusagen mit den Mitteln der Tragödie (Mord an Desportes/Selbstmord); aber diese Handlung bleibt peripher – sie beeinflußt den sozialen Abstieg nicht – selbst in der Schlußszene wir er nicht einmal erwähnt. Stolzius' Sonderrolle ist auch daran zu sehen, daß er als einziger Bürgerlicher im Kollektivstrang der Soldaten erscheint. –

Eine Sonderrolle nimmt auch die Gräfin de la Roche ein – sie steht in der Skizze an den 'Perforationsstellen' zwischen Adel und Bürgertum. Auf beide Figuren, die den Individualstrang wie den Kollektivstrang in sich differenzieren, wird noch gesondert einzugehen sein.

– Für die Struktur des Dramas sind der individuelle und der kollektive Strang als komplementär zu begreifen. Volker Klotz schreibt dazu über ‚Die Soldaten':

> „Im Kollektivstrang kommt explizite die 'Sache' in Wort und Bild: der Sachverhalt oder Zustand der unbeweibten Soldateska[...] Im Privatstrang verwirklicht sich die Zuständlichkeit des Kollektivstrangs als bewegtes Geschehen [...] Die beiden Stränge stehen in einem komplementären Verhältnis: der eine versinnlicht den andern, der ihn seinerseits erst ermöglicht [...] Das Prinzip der komplementären Stränge ist eines der Mittel, der Streuung des Geschehens im Drama der offenen Form zu steuern, der zerborstenen Handlung Fluchtlinien zu setzen, innere Kommunikation zu stiften unter den äußerlich versprengten und vereinzelten Teilen" (Klotz, S. 102f.).

Dieses Prinzip hat somit in den ‚Soldaten' inhaltliche und formale Funktion: Inhaltlich erklärt und erläutert das Treiben der Soldaten – die theoretisierenden Kasinogespräche ebenso wie die Rammler- und Aaron-Episoden etc. – das Schicksal Marianes, wie umgekehrt dieses,

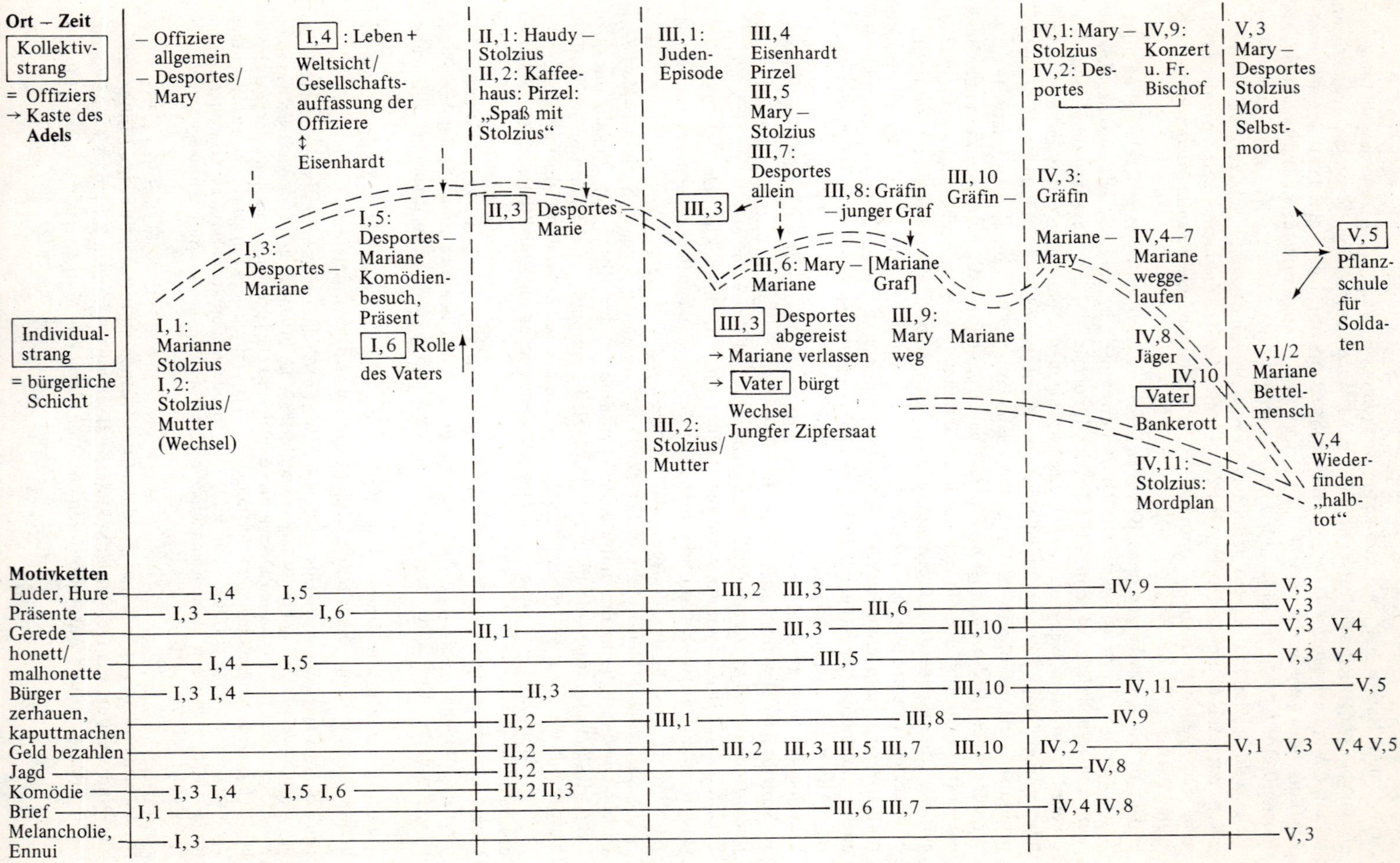
Ort – Zeit
Kollektivstrang
= Offiziers → Kaste des Adels
– Offiziere allgemein
– Desportes/Mary
I, 4 : Leben + Weltsicht/Gesellschaftsauffassung der Offiziere
↕
Eisenhardt
II, 1: Haudy – Stolzius
II, 2: Kaffeehaus: Pirzel: „Spaß mit Stolzius"
III, 1: Juden-Episode
III, 4 Eisenhardt Pirzel
III, 5 Mary – Stolzius
III, 7: Desportes allein
IV, 1: Mary – Stolzius
IV, 2: Desportes
IV, 9: Konzert u. Fr. Bischof
V, 3 Mary – Desportes Stolzius Mord Selbstmord
I, 3: Desportes – Mariane
I, 5: Desportes – Mariane Komödienbesuch, Präsent
II, 3 Desportes – Marie
III, 3
III, 8: Gräfin – junger Graf
III, 10 Gräfin –
IV, 3: Gräfin
III, 6: Mary – Mariane
[Mariane Graf]
Mariane – Mary
IV, 4–7 Mariane weggelaufen
V, 5
Pflanzschule für Soldaten
Individualstrang
= bürgerliche Schicht
I, 1: Marianne Stolzius
I, 2: Stolzius/Mutter (Wechsel)
I, 6 Rolle des Vaters
III, 2: Stolzius/Mutter
III, 3 Desportes abgereist
→ Mariane verlassen
→ Vater bürgt
Wechsel
Jungfer Zipfersaat
III, 9: Mary weg
Mariane
IV, 8 Jäger
IV, 10
Vater
Bankerott
IV, 11: Stolzius: Mordplan
V, 1/2 Mariane Bettelmensch
V, 4 Wiederfinden „halbtot"
Motivketten
Luder, Hure — I, 4 — I, 5 — III, 2 — III, 3 — IV, 9 — V, 3
Präsente — I, 3 — I, 6 — III, 6 — V, 3
Gerede — II, 1 — III, 3 — III, 10 — V, 3 — V, 4
honett/malhonette — I, 4 — I, 5 — III, 5 — V, 3 — V, 4
Bürger — I, 3 — I, 4 — II, 3 — III, 10 — IV, 11 — V, 5
zerhauen, kaputtmachen — II, 2 — III, 1 — III, 8 — IV, 9
Geld bezahlen — II, 2 — III, 2 — III, 3 — III, 5 — III, 7 — III, 10 — IV, 2 — V, 1 — V, 3 — V, 4 — V, 5
Jagd — II, 2 — IV, 8
Komödie — I, 3 — I, 4 — I, 5 — I, 6 — II, 2 — II, 3
Brief — I, 1 — III, 6 — III, 7 — IV, 4 — IV, 8
Melancholie, Ennui — I, 3 — V, 3

verallgemeinert, den Offizieren den Gesprächsstoff liefert; in der Kontrastierung von Statik (Soldatenszenen) und Dynamik (Marianes Schicksal) wird gleichzeitig der Zusammenhang beider Stränge deutlich: das Einzelschicksal als Folge und Beleg der soldatischen Lebensweise. Formal hält das komplementäre Prinzip die Diskontinuität des offenen Dramas zusammen, bewahrt es ästhetisch vor dem Auseinanderbrechen, ohne dabei den inhaltlichen Sinn des Offenen, der Kürzestszenen etc., aufzugeben: Ausdruck des 'modernen' Transzendenzverlustes zu sein. Insofern scheint mir Kipphardts Beurteilung des Stücks als 'unfertig' an der ästhetischen Form vorbeizugehen. (In einer guten Klasse könnte auch dies ein Diskussionspunkt sein.)

– Die Schlußszene ist in der Skizze graphisch vom Dramenverlauf und dessen Zuordnung zu den beiden Strängen abgesetzt. Die rückweisenden Pfeile signalisieren, daß das Handlungsgeschehen auf beiden Ebenen hier resümierend reflektiert wird; der nach rechts weisende Pfeil bedeutet, daß der Obristen-Vorschlag programmatisch aus dem Drama hinausführt; der aus dem Geschehen in V,5 hineinweisende Pfeil, daß in der Szenenentwicklung Vorausdeutungen auf das Schlußproblem (Gräfin: „Das sind die Folgen des ehlosen Standes der Herren Soldaten.") existieren, die Schlußszene also nicht ohne inneren Zusammenhang mit dem Gesamtdrama steht (vgl. z.B. I,4 und III,4, wo Eisenhardt 'beiseite' spricht: „O Soldatenstand, furchtbare Ehlosigkeit, was für Karikaturen machst du aus den Menschen.").

2.4.2.2 Einzelszenenanalyse

Je eine Szene des Individual- und Kollektivstrangs soll im folgenden interpretiert werden; die globalen Befunde der Strukturanalyse des Gesamtdramas werden damit konkretisiert und differenziert. Unterrichtlich kann dies arbeitsteilig unter einer gemeinsamen Fragestellung geschehen: Wie stellen die beiden Szenen die Lebensweise, das Denken und Handeln der bürgerlichen und der adeligen Welt dar?

I,6

Die Szene schließt zeitlich unmittelbar an die vorangehende an und ist motivisch mit I,3 durch die Zitternadel und die Kind-Erwachsenen-Spannung verknüpft (Wesener: „Na so mach Sie doch das Kind nicht." S. 15, Z. 35). Mariane hat entgegen dem väterlichen Verbot mit Desportes die Komödie besucht, was ihr in I,5 die Aburteilung der Familien-'Öffentlichkeit' einträgt. Die Szene beginnt mit einer Raumveränderung und einem 'visuellen Subtext' (vgl. Schwarz, S. 79): Aus der Teilöffentlichkeit der Familie zieht sich Mariane in einen noch privateren Innenraum, ihr eigenes Zimmer, zurück, den sie am Szenenende gestisch nach außen hin vollständig 'abzuschotten' versucht („Zieht die Gardine vor." – „Löscht das Licht aus."). Der Raum erhält so die spezifische dramaturgische und inhaltliche Funktion, die – unausgesprochen, eben gestisch und visuell – die Spannung zwischen privat und öffentlich aufzeigt: In dem privatesten Innenraum des bürgerlichen Wesenerschen Hauses wird mit dem Eintreten des Vaters das Problem der Öffentlichkeit der Liebesbeziehung Marianne-Desportes verhandelt. Der Privatraum wird, obwohl der Baron nur im Gespräch anwesend ist, auch zur 'Verteidigungszone' „gegen das unaufhaltsame Eindringen Desportes' in den bürgerlichen Existenzbereich, dessen unheilvolle Dynamik bis zum Ende des zweiten Aktes das ganze Haus durchdringt" (Schwarz, S. 90). – Die gestische Eröffnung der Szene verklammert nicht nur motivisch I,6 mit dem Vorangehenden. Daß es sich hier um einen visuellen Subtext handelt, bedeutet, daß die Regieanweisung nicht primär bühnentechnische Anweisung darstellt, sondern Ungesagtes 'sagt', ins Bild setzt: „Das Requisitenspiel mit der Zitternadel, die Weseners Stein des Anstoßes in der dritten Szene war, macht dem Zuschauer Desportes gelungene Verführung augenscheinlich" (Schwarz, S. 80), zumal es als nonverbales Geständnis eine Steigerung des vorher zugegebenen Komödienbesuchs darstellt. In diesem Sinne ist auch das Verbergen des Präsents zu deuten, als der Vater eintritt. In dem Vater-Tochter-Dialog offenbaren sich nun die Widersprüchlichkeiten und Doppelbödigkeiten innerhalb des bürgerlichen Denkens und Handelns, die wesentlich für Marianes sozialen 'Fall' mitverantwortlich sind. Der triviale Vers, den Desportes Mariane dediziert hat, wird zunächst von Wesener in seiner Unechtheit und eben wegen der pathetisch formulierten Verbindlichkeit (reine Triebe, Versicherung meiner Treu) als faktische Unverbindlichkeit erkannt: Er lacht (S. 16, Z. 20). Dann aber setzt unvermittelt und widersprüchlich die für das gesamte bürgerliche Denken symptomatische Selbsttäuschung ein: „Er denkt doch honett seh ich" (S. 16, Z. 27). 'Honett' (vgl. die Motivkette in der Strukturskizze) ist das Etikett, das jedwedes Verhalten und Denken als moralisch gerechtfertigt ausweist oder bemäntelt. Passiert das in diesem Szenenteil noch eher versteckt, so offenbart sich im folgenden Weseners Doppelmoral unverhohlen: „Die folgenden Verhaltensanweisungen, sich mit Desportes weiter zu treffen – aber scheinbar ohne seine Billigung –, dienen der Erhaltung des guten Rufes nach außen und der Absicherung Maries. So soll ihr bürgerlicher Bewerber Stolzius 'nicht sogleich' abgeschreckt werden" (Stephan/Winter, S. 167). Die Doppelmoral erhält ihr Motiv und ihre soziale Brisanz darin, daß dem Aufstiegswillen alles andere untergeordnet wird: „Kannst noch einmal gnädige Frau werden [...]" (S. 17, Z. 9f.). Anders als im bürgerlichen Trauerspiel ist diese soziale Aufsteigermentalität nicht durch die Mutter, sondern durch den Vater repräsentiert. Das ist keine nur kompositorische, ästhetische Differenz; vielmehr belegt sie die Genauigkeit von Lenzens Verarbeitung historischerRealität: Das Ideal des Glücks (S. 17, Z. 11 und 26) ist nicht durch wahres Gefühl („Stolzius – ich lieb dich ja noch –" [S. 17, Z. 25]) zu verwirklichen, sondern nur durch sozialen Aufstieg. Dies Denken ist aber realistisch nur durch den zu repräsentieren, der sich durch den ökonomischen Kontakt mit der Adelskaste der Illusion der prinzipiellen Durchbrechbarkeit der sozialen Standesgrenzen hingeben kann. Daß der bürgerliche Stolzius als Glücksausweg noch beibehalten wird, belegt die Illusion: Es ist das Eingeständnis des sozialen Risikos – daß der Aufstieg auch 'schiefgehen' kann.

Je stärker dieser Sachverhalt eintritt, desto stärker rückt übrigens der Vater als Ansprechperson für Mariane in den Hintergrund; in den Affären mit Mary und dem jungen Grafen tritt stets die Mutter auf. Erst mit dem durch Desportes (indirekt) verschuldeten wirtschaftlichen Zusammenbruch rückt Wesener wieder ins Zentrum.

Mariane erscheint in I,6 noch offen und in gewisser Weise kindlich-natürlich in ihrer Kommunikation und in der Einschätzung der Verhältnisse (sie vertraut sich dem Vater an, sie versucht, ihn von der Echtheit der Gefühle Desportes' zu überzeugen; im an die Gretchentragödie erinnernden Szenenschluß artikuliert sie ihre Selbstzweifel). Indem sie sich aber der sozialen Interpretation von Glück unterwirft, wird sie zur Behandelten, von den sozialen Gegebenheiten und Entwicklungen Abhängigen. Sie handelt nicht (mehr) selbständig im Sinne von Selbstverwirklichung; sie realisiert nicht einen – idealiter – frei konzipierten 'Glücksentwurf'. In der Unterordnung unter die Direktiven des Vaters („aber wenn ich nun mein Glück besser machen kann" – Glück wird zu einer Frage des sozialen Kalküls: mit Desportes ein besseres, mit Stolzius ein schlechteres – „und Pappa selber mir den Rat gibt" [S. 17, Z. 25f.]) und in der Unterordnung unter gesellschaftliche Verhältnisse, die sie selbst hier nur als anonymes Schicksal erkennen kann („Trifft mich's so trifft mich's [...]", S. 17, Z. 27) – in dieser globalen Unterordnung ihrer Identität unter etwas von ihr nicht Beherrschbares wird sie sich selbst fremd. Das, scheint mir, ist der Kern ihres sozialen Falls.

II,2

In der Mitte des I. Aktes – zwischen dem ersten Auftreten Desportes' und der eben analysierten Szene im Hause Weseners – wird der Zuschauer/Leser erstmals in das 'Kollektiv' des Militärs eingeführt: Diskurszentrum der Szene ist die scharf antithetische Auseinandersetzung zwischen Haudy und Eisenhardt („Eine Hure wird immer eine Hure [...]" – „[...] eine Hure wird niemals eine Hure, wenn sie nicht dazu gemacht wird."). Ohne daß der Bezug zu Mariane hergestellt wird – das ist dem Leser überlassen –, wird damit auf der komplementären Ebene der Kern des individuellen Falls Mariane verallgemeinert diskutiert: schicksalhafte Zwangsläufigkeit oder soziale Bedingtheit der 'Unmoral' ('honett' ist hier wiederum das Kriterium). Der zweite Akt setzt nun mit der Offizierswelt ein. Stolzius hat privaten Kontakt mit den Offizieren um Desportes aufgenommen, mit denen er ohnedies Handel betreibt. Die zweite Szene schließt wiederum zeitlich unmittelbar, räumlich verschoben, daran an. Der Ort ist das 'Kaffehaus'. Die Szene ist inhaltlich dreigegliedert: Gespräch der Offiziere über das Komplott gegen Stolzius – der 'Streich' Rammlers mit diesem – die Vorbereitung der Aaron-Episode. Eröffnet wird die Szene wieder mit einem 'visuellen Subtext', der die Lebensweise der Offiziere vorstellt und in gewisser Weise deren Substanz bildlich zusammenfaßt: Sie sitzen im Kaffehaus, trinken Kaffee, schwatzen, lachen; d.h. sie handeln nicht, gehen nicht einer ihrem Berufsstand adäquaten Tätigkeit nach – „Soldaten in Friedenszeit" (vgl. Editionen, S. 105). Was tun die Offiziere? Konkretisiert wird das in dieser Szene an Rammler und Pirzel. Über den ersten wird gesagt: „Er hat den Kopf immer voll Intrigen und Ränke" (S. 25, Z. 7), und daß das für alle gilt, zeigt die unmittelbar folgende Planung der Intrige Rammler-Aaron. Das Groteske dieser gesellschaftlich sinnlosen 'Arbeit' liegt darin, daß es sich um eine parasitäre Aktivität handelt, die im Bewußtsein adeliger Privilegiertheit Nichthandeln und Ennuy (vgl. V,3), d.h. aber auch die gesellschaftliche Funktionslosigkeit der Kaste kaschiert, und auf Kosten anderer, Schwächerer, d.h. sozial Nichtprivilegierter geht. Den abstrakten Charakter dieser Beschäftigung, ihre Loslösung aus jedem realen gesellschaftlichen 'Sinn', ihre praktische Folgenlosigkeit wird mit Pirzel auf die (groteske) Spitze getrieben: Seine pseudophilosophischen Räsonnements kreisen schon sprachlich deshalb in sich und sind an keiner Realität orientiert, weil sie weitgehend tautologisch sind („Dieses vollkommenste Wesen kann ich entweder beleidigen oder nicht beleidigen" [S. 19, Z. 19f.]). Ein drittes, die Lebensweise der Offiziere charakterisierendes Moment kommt hinzu: die latente, gelegentlich sprachlich und gestisch zum Ausbruch kommende Aggressivität. Wohl ist in der Sprache auch der Geniestil des Sturm und Drang kopiert: Kraftausdrücke, Tabuwörter etc. finden Einlaß in die Literatur. Aber Lenz ist seiner Epoche insofern voraus, als er diesen Stil allein den Offizieren in den Mund legt und ihn damit kritisch – und sozial fixiert – gegen sich selbst wendet. Deshalb scheint mir der Sinn der Kraftausdrücke stärker in der sozialen Charakterisierung als in der 'Erfüllung' des Epochenstils zu liegen: „Mit euch verfluchten Arschgesichtern" (S. 24, Z. 10), „ich werde dir das Genick umdrehen" (S. 24, Z. 18f.), „ich brech dir Arm und Bein entzwei und werf sie zum Fenster hinaus" (S. 24, Z. 20f., vgl. auch die entsprechende Motivkette in der Strukturskizze) – alle diese verbalen Kraftakte entlarven den Stand. Sie zeigen den großsprecherischen Sprachgestus und die darin enthaltene Aggressivität als Folge der funktionslosen, handlungslosen Lebensweise und als Substitut für die zum Soldatenberuf gehörige Gewalt, die auszuüben ihnen zu Friedenszeiten nicht möglich ist. Die Entlarvung funktioniert, weil diese Wortgefechte etwas Infantiles haben (vgl. besonders S. 24, Z. 20, was an die Drohungen kleiner Jungen erinnert, die den körperlichen Kampf nicht wagen; Rammler geht denn auch 'thrasonisch' umher – wiederum ergänzen sich Text und Subtext). – Wie ist nun diese Szene des Kollektivstrangs mit dem Individualstrang verknüpft?

Zunächst dadurch, daß Mariane als Gesprächsgegenstand in der Szene erscheint, allerdings immer im Zusammenhang mit Stolzius und dem Streich, den man ihm spielen will. In der Art, wie von ihr gesprochen wird, zeigt sich indessen, daß die Arroganz der Privilegierten die Aburteilung der Schwachen bereits vollzogen hat: Sie wird apostrophiert (sogar von Eisenhardt!) als „die schöne Jungfer [...], die neulich hier durchgegangen" (S. 19, Z. 13). 'Durchgegangen' nicht im räumlichen, sondern im übertragenen Sinne heißt 'von Hand zu Hand gegangen' (vgl. Krämer, S. 11). Später sagt Haudy, der in Stolzius' Anwesenheit den loyalen Freund spielt, „daß sie [Mariane] keine von den sturmfesten ist" (S. 20, Z. 39f.). – Deutlicher noch ist die direkte Verschränkung mit der Individualebene in dem Faktum zu sehen, daß Stolzius im Kreis der Offiziere erscheint. Dies und die Art seines Empfangs (alle verhalten sich sehr höflich, Ehrenbezeigungen etc., vgl. S. 22, Z. 3ff.) dokumentiert wiederum die Perforation der Standesschranken (in einem als Kaste streng sozial abgeriegelten Offizierskorps wäre das auch nicht als Spaß möglich, noch in unserm Jahrhundert nicht). Es zeigt aber gleichzeitig deren Scheinhaftigkeit: Realistisch entschuldigt sich Stolzius für seine Dreistigkeit (vgl. S. 21, Z. 39f.) und erkennt die soziale Schranke damit unbewußt an. Außerdem sind die Ehrenbezeigungen natürlich gespielt. In der 'parasitären' Aktion wird Stolzius zum Spaßobjekt degradiert, das aufgrund der faktisch bestehenden Standesschranken auch subjektiv nicht revoltieren darf und sich deshalb nur, ohne sich inhaltlich zu erklären, entziehen kann – stotternd, selbst als unrecht Behandelter noch devot sich entschuldigend (vgl. S. 23, Z. 34 bis S. 24, Z. 9), zieht er sich zurück. Wie sehr er von den Offizieren zum Objekt gemacht wird, formuliert Eisenhardt zu Beginn der Szene: „Der zupft ihn da, der stößt ihn hier, der geht mit ihm spazieren, der nimmt ihn ins Cabriolet, der spielt Billard mit ihm, wie Jagdhunde die Witterung haben" (S. 19, Z. 8ff.). Das Jagdmotiv umschreibt metaphorisch die Verdinglichung der Personen, die von den Aktionen der Privilegierten betroffen sind. Daß es nur noch an einer anderen Stelle vorkommt, erhöht seinen Aussagewert: von der Verdinglichung ist – wie hier Stolzius – Mariane betroffen, als sie Desportes' Jäger überlassen wird (vgl. IV,8). Durchaus im Sinne der Verknüpfung beider Stränge ist zu sehen, daß im gleichen Maße, wie die soziale Beziehung zwischen Stolzius und den Militärs mißbraucht wird, die wirtschaftliche Beziehung 'floriert': „wie augenscheinlich sein Tuchhandel zugenommen hat, seitdem man weiß, daß er die schöne Jungfer heuraten wird [...]" (S. 19, Z. 11f., vgl. Stephan/Winter, S. 169). Die Perversion des sozialen Kontakts erhöht den ökonomischen Gewinn.

In dem gesamten die Szene eröffnenden Statement Eisenhardts zeigt sich, daß der Kollektivstrang stets auch indirekt mit seinem Komplement verknüpft ist: als Kommentarebene zu der bürgerlich-individuellen; die Applikation des Kommentars hat der Leser/Zuschauer zu leisten. Damit ist noch einmal auf Pirzel zurückzukommen. Innerhalb der Offizierswelt ist er – auch von den andern so empfunden – eine Karikatur und doch als solche der ausgeprägteste Repräsentant seiner Kaste, insofern er für die völlige Praxis- und Realitätsferne steht, d.h. folgenlos in sich kreisend denkt (vgl. S. 20, Z. 11f.). „Anstatt das Konkret-Praktische anzustreben, wird auf das Allgemein-Theoretische ausgewichen" (Haffner, S. 81). Darüber hinaus liegt in seinem 'Philosophieren' ein indirekter Kommentar zur Charakterisierung seines Standes und Marianes 'Verdinglichung'. Wenn er über den Respekt gegenüber den Geschöpfen Gottes räsonniert (S. 19, Z. 33ff.), so bezieht er die Verehrungswürdigkeit auf sich und seine Kameraden, auf seinen Stand also, und grenzt, ohne dies zu formulieren, Marianes Stand davon aus – das folgenlose und praxisferne Denken kann über die Grenzen des eigenen sozialen Raums gar nicht hinausgehen. Ebenso wie hier hat der Leser die Applikation des indirekten Kommentars auf Mariane zu leisten, wenn Pirzel seinen Kameraden mit rhetorischem Pathos eine logische Gedankenkette vorträgt, der die Conclusio fehlt: „Meine werten Brüder und Kameraden, tut niemand Unrecht. Eines Menschen Leben ist ein Gut, das er sich nicht selbst gegeben hat. Nun aber hat niemand ein Recht auf ein Gut, das ihm von einem andern ist gegeben worden. Unser Leben ist ein solches Gut –" (S. 21, Z. 21ff.). Wie der visuelle Subtext eine semantische Dimension hinzufügt, signalisiert der Gedankenstrich (auch an anderen Stellen) das Ungesagte, das aber in der Anwendung auf den konkreten Fall erschließbar ist. Eben diese Konsequenz ziehen die Offziere nicht. Pirzel formuliert ein an sich richtiges Ideal, das dadurch aber doppelt falsch, 'Ideologie' einer privilegierten Schicht, wird, weil es nicht auf Realität bezogen ist und weil es die Offiziere im Umgang mit den realen Personen der bürgerlichen Welt (Individualstrang) mit Füßen treten.

2.4.2.3 Der Sozialzusammenhang des Stücks

In Briefen nach der Entstehung der ‚Soldaten' betont Lenz den sozialen und politischen Akzent des Stückes: Er will die 'Stände darstellen, wie sie sind' (vgl. Editionen, S. 69); für den politischen Aspekt (vgl. Brief an Herder, Editionen, S. 70f.) zieht er die Schlußszene heran – „Soldaten können und sollen nicht mild seyn, dafür sind sie Soldaten." Als soziale Stände werden im Stück, wie gezeigt, komplementär Bürgertum und Adel, genauer: adelige Miliz, dargestellt. „Das 18. Jahrhundert steht unter dem Aspekt der historischen Kämpfe, in denen die wachsende ökonomische Macht des Bürgertums mit einem wachsenden politischen Machtanspruch auftritt. Dieser Anspruch richtet sich gegen die feudalen und absolutistischen Machtpositionen und ihre Instrumente" (Sturm und Drang, S. 15). Dies als richtig vorausgesetzt, stellt Lenz' Stück diese Auseinandersetzung exemplarisch dar. Wesentlich ist aber, daß das Scheitern des individuellen bürgerlichen Aufstiegwillens seine Gründe auch in den Widersprüchen des Bürgertums selbst hat. Und mehr noch: Die wachsende ökonomische Macht des Bürgertums unterhöhlt die sozialen Beziehungen im Bürgertum selbst. Verfolgt man die Motivkette von 'Geld' und 'bezahlen' im Drama (vgl. Strukturskizze), so wird plausibel, daß hier von einer „Ökonomisierung der zwischenmenschlichen Beziehungen" (Stephan/Winter, S. 171) gesprochen werden kann. Besonders deutlich wird das in III,3: Der gute Ruf Desportes' wird durch die Bürgschaft Weseners, an der er zugrundegeht, gerettet. Marianes unmittelbar folgende Bitte, Charlotte möge einen Brief für sie schreiben, wird zu einem Tauschhandel um „Perlen vor sechs Livres". Noch am Tiefpunkt seines Abstiegs, auf der Suche nach Mariane, beklagt Wesener in V, 1, wieviel Geld ihn seine Tochter gekostet hat. Die Vielfältigkeit der Zusammenhänge, in denen im Drama 'Geld' und 'bezahlen' eine Rolle spielt, zeigt: „Ausgesprochen klarsichtig erkennt Lenz, was als Grundtendenz des entstehenden Kapitalismus sich zu entfalten beginnt: Alles wird zu Wert, der verwertet werden kann und muß, jede Qualität, auch jedes Gefühl" (Preuss, S. 65). Insofern ist von solcher Ökonomisierung auch Marianes Attraktivität erfaßt: Sie wird zum Gegenwert für sozialen Aufstieg, der höher zu bewerten ist als die soziale Sicherung durch die Verbindung mit Stolzius. Der Verführer Desportes braucht unter diesen Voraussetzungen ein Weniges an Verführungskunst (auch Präsente haben dabei ihren ambivalenten Stellenwert: zwar offiziell abgelehnt, weil sie der Moral zuwiderlaufen, sind sie Handelsgegenstände, die Wesener und den Baron verbinden; außerdem sieht der Adelige später in ihnen den Grund für Marianes Bereitschaft, die Beziehung zu ihm einzugehen, und für seine eigene Verschuldung, vgl. V,3). Dramaturgisch komprimiert wird diese Ökonomisierung besonders prägnant, wenn Wesener in *einem* notariellen Akt den Wechsel, mit dem er für Desportes bürgt, und die 'Promesse de Mariage' beglaubigen lassen will (III,3). Ökonomischer und Beziehungsaspekt werden damit unmittelbar aufeinander bezogen.

Das Zusammenspiel von bürgerlichem Aufstiegswillen, Doppelmoral und Ökonomisierung entlastet indessen im Drama den Adel nicht. In den Offiziersszenen wird 'lustiges Soldatentreiben' als verdinglichende Machtausübung kritisiert. Daß die soziale Gruppe der Aristokratie als Militär auftritt, ist keine Einschränkung der Repräsentativität der Ständedarstellung. Obwohl die fiktionale Welt – aus Gründen der Tarnung – im Französisch-Flandern angesiedelt ist, sind deutsche Zustände gemeint. In Preußen etwa galt der Offiziersstand als „Steigerungsform des Adels" (Schmid, S. 68). Im Staat Friedrichs des Großen war die militärpolitische Funktion des Adels, die Offiziere zu stellen (vgl. Möller, S. 38), was nicht nur militärischen Sinn, sondern auch und gerade den einer „sozialen Funktionalisierung und 'Sozialdisziplinierung'" (Möller, S. 39) hatte. Mit den Offizieren betritt also *die* soziale Funktion des Adels die Bühne, nicht irgendeine periphere Ausprägung des Standes. Welchen sozialen Stellenwert der Adel hatte, geht auch daraus hervor, daß er nur der Militärgerichtsbarkeit unterstellt war, die Gesetzesübertretungen Bürgerlichen gegenüber nicht eben sehr konsequent ahndete (vgl. Stephan/Winter, S. 168). So ist es erst zu verstehen, warum

Desportes eigentlich im Gefängnis sitzt (IV, 2): nicht etwa für eine Verfehlung gegenüber einer Bürgerlichen, sondern um ihn zu einer standesgemäßen Heirat zu zwingen (vgl. IV 1). Hier handelt es sich zwar nicht um einen militärischen, aber immerhin um einen standesinternen 'Strafvollzug'.
In der Art, wie im Drama die Beziehungen zwischen beiden Ständen dargestellt werden, wird die Perforation der Standesschranken deutlich: „In der betrügerischen Handlung der Verführung [...], die sich nicht auf etwas Ähnliches wie das unter Verhältnissen der Leibeigenschaft herrschende 'Recht der ersten Nacht' beruft, sondern bestimmte Werte, d.h. lebenslängliche Versorgung, in Aussicht stellt, und in den Hoffnungen und Spekulationen der Marie sind die Standesschranken schon durchbrochen. Die große Erkenntnis der Gleichheit aller, die gleich denken, wie es bei Lenz an anderer Stelle heißt, hat schon nach ihr gegriffen. Sie betritt als Bürgerin die Bühne, mit ihrer weiblichen Anmut als einem Werte spekulierend" (Preuss, S. 67). An dieser Stelle ist nun auf die Gräfin de la Roche als adeliger Kontaktperson zwischen Bürgertum und Adel einzugehen. Sie wird als eine „Vertreterin des philanthropisch gesinnten Adels" (Stephan/Winter, S. 170) eingeführt: Davon zeugen sowohl ihre Erziehungsmethoden ihrem Sohn gegenüber als auch die Verteidigung und menschenwürdige Behandlung des Bedienten (vgl. III, 8). Ohne Zweifel ist es ein humaner und die Ständeschranken überspringender Impuls im Sinne der Aufklärung, die verführte Mariane in ihr Haus aufzunehmen. Der Verlauf des Rettungsversuchs hat aber seinen sozial stabilierenden Kern darin, daß er Mariane in ihren Stand zurückführen und ihr die Standesschranken als 'von unten' nicht durchbrechbare bewußtmachen soll. In der hierfür entscheidenden Szene III, 10 diagnostiziert die Gräfin Marianes sozialen Aufstiegswillen als Selbsttäuschung, nicht als moralische Verfehlung oder Triebhaftigkeit: „Sie können sich damit trösten, daß Sie sich Ihr Unglück durch kein Laster zugezogen. Ihr einziger Fehler war, daß Sie die Welt nicht kannten, daß Sie den Unterschied nicht kannten, der unter den verschiednen Ständen herrscht [...]" (S. 44, Z. 14ff.). Obwohl sie als Freundin (vgl. S. 43, Z. 30) handelt und sich damit aus ihrem Stand herausbegibt, stellt sie doch während des gesamten Gesprächs Faktum und Unaufhebbarkeit der sozialen Grenze nicht in Frage; im Gegenteil – Marianes Aufstiegswille bedeutet ihr: „Sie wollten die Welt umkehren" (S. 46, Z. 1f.). Was sie ihr als Lösung und Rettung anbietet – Zeitvertreib, Zeichnen, Tanzen, Singen (vgl. S. 46, Z. 31ff.) –, sind aber Elemente adeliger Lebensweise, die an Marianes Bedürfnissen völlig vorbeigehen; das zeigt IV, 3. Mit dem Zeitvertreib im Hause der Gräfin gewinnt Mariane weder ihre Identität zurück noch Autonomie des Handelns. Deshalb muß sie weglaufen: Ihr einziger subjektiv konsequenter Weg ist, über die Liebschaft mit Mary (oder den jungen Grafen oder eine Wiedergewinnung Desportes') doch noch den sozialen Aufstieg zu erreichen. Da die Gräfin, so 'philanthropisch' sie ist (aber eben im Sinne des 'aufgeklärten Absolutismus'), die soziale Hierarchie außer jedem Zweifel läßt, handelt Mariane weiter entsprechend ihren „ansozialisierten Verhaltensnormen" (Stephan/Winter, S. 169), denen also ihrer Schicht. Die 'soziale' Logik dieses Entschlusses erkennt die Gräfin selbst und damit die Legitimität der Selbsttäuschung Marianes: „Ich weiß nicht ob ich dem Mädchen ihren Roman mit gutem Gewissen nehmen darf. Was behält das Leben für Reiz übrig, wenn unsere Imagination nicht welchen hineinträgt; Essen, Trinken, Beschäftigungen ohne Aussicht, ohne sich selbst gebildetem Vergnügen sind nur ein gefristeter Tod" (S. 50, Z. 27ff.).

2.4.2.4 Form als historischer Reflex

Unterrichtlich separierte Formbetrachtung eines literarischen Werks läuft stets Gefahr, die Form vom Inhalt zu trennen. Deshalb wurden in den Einzelszenenanalysen formale Eigenheiten der Dialoge bereits in ihrer inhaltlichen Funktion dargestellt. Im folgenden werden nun die formalen Eigenheiten des Dramas in ihrem sozial- und literaturgeschichtlichen Zusammenhang analysiert.

1.) Sprache und visueller Subtext. Die Sprachebenen des Stücks können exemplarisch an der Szene II,3 und mit Hilfe der Interpretation von Höllerer (Editionen, S. 90ff.) untersucht werden. Weiterführend geht es darum, die Befunde der Analyse des Sozialzusammenhangs zur Erklärung der Formeigenheiten auszuwerten.

Selbsttäuschung, die Unmöglichkeit autonomen Handelns, Ökonomisierung und Verdinglichung, die Abhängigkeit des Menschen von gesellschaftlichen Strukturen und Mechanismen – all dies läßt weder eine einheitliche, sinnstiftende Sprache (noch dazu in 'künstlicher' Versform) noch eine Tragödienform mehr zu, in der der einzelne im Bezug auf die „Allgemeingültigkeit sittlicher Begriffe, die eine feste Komponente des allgemeinen Seinsbezugs der älteren Welt war" (Schwarz, S. 62), handelt oder scheitert. Die tragédy classique, gegen die Lenz opponiert, erfüllt noch in diesem Sinne die aristotelische Poetik. Handeln aber in Abhängigkeit von transzendentalen Mächten ist seit dem Autonomieanspruch der Aufklärung nicht mehr möglich; da das Drama exemplifiziert, daß unter den gegebenen gesellschaftlichen Realitäten autonomes Handeln ebenfalls (noch) nicht gelingt, bleibt allein die Dominanz der Verhältnisse übrig: „In der Lenzschen Komödie scheint die Gesellschaft die Stelle des Fatums der griechischen Tragödie einzunehmen; das Individuum wird zum Exponenten der sozialen Mächte" (Schwarz, S. 69). Das erzwingt als Konsequenz eine realistische Darstellung der gesellschaftlichen Mechanismen, die autonomes Handeln verhindern. Deshalb ist literarisch das Disparate, Widersprüchliche der Wirklichkeit, ihre Sprache mit den wechselnden sozialen Funktionen (vgl. Höllerer) und ihre Sprachlosigkeit (das 'Ungesagte') ohne Idealisierung wiederzugeben. Entfremdung, Verdinglichung, Nichtidentität schlagen sich in der zwischenmenschlichen Kommunikation nieder und verändern den Dialog, das Medium des Dramas – er wird, bei Büchner ist das noch deutlicher entwickelt, tendenziell entwertet: „Gestik und Mimik als Ausdrucksformen unbewußter Wünsche und plötzlich hervorbrechender Emotionen treten gleichberechtigt neben ihn oder gar zu ihm in Widerspruch. An zentralen Stellen, so in der Schlußszene zwischen Stolzius und Desportes bzw. zwischen Marie und Wesener tritt die gestische Bewegung schließlich fast oder völlig an die Stelle des Wortes" (Stephan/Winter, S. 174). Darin liegen dramaturgischer Sinn und realistischer Gehalt der visuellen Subtexte.

2.) Komödie. Die Dramenform als ganze ist ebenfalls Wirklichkeitsreflex und literaturgeschichtliche 'Antwort'; überdies ist 'Komödie' als Form und Inhalt des Dramas zu betrachten.

Inhaltlich (vgl. die Motivkette in der Strukturskizze) erscheint sie als umstrittener Gegenstand in den Gesprächen beider Stände und als der öffentliche Ort, wo Adel und Bürgertum zusammentreffen können. Wie beurteilen die beiden Stände nun die Komödie? Für die Offiziere bedeutet sie den Ort des Amüsements, des Zeitvertreibs (vgl. I,4); wie Kaffeehaus, Kasino etc. charakterisiert sie also ihre Lebensweise 'nutzlosen' Nichtstuns nochmals: „eine fast unentbehrliche Sache für eine Garnison" (ebd.). Für das Bürgertum ist sie der Raum potentieller Verführung, genauer: der Raum, an dem man ins Gerede kommen, wo Verführung öffentlich werden kann (vgl. I,3: „[...] das würde nur Gerede bei den Nachbarn geben [...]", und I,4: „Eben die honetten Mädchen müssen zittern vor Ihren Komödien, da lernen Sie die Kunst sie malhonett zu machen."). Gleichwohl übt der Ort adeligen Zeitvertreibs eine außerordentliche Faszinationskraft auf das bürgerliche Volk aus: Marianes Bericht von ihrem Komödienbesuch beweist das (I,5); der Vater erlaubt es ihr denn auch weiterhin, sofern die Anständigkeit durch Begleitung der Madame Wyher garantiert ist. – Ohne solche Ambivalenz attackiert der bürgerliche Eisenhardt die Komödie scharf. Er kritisiert die Nutzlosigkeit (die der Nutzlosigkeit des adeligen Handelns korrespondiert) und die Unordnung, die die Komödie durch ihre Inhalte ins Offizierkorps trägt (vgl. S. 11, Z. 6 und 25f.), und er legt die Folgen bloß, die die Inhalte der Komödie für die Beziehung des Adels zum Bürgertum zeitigen: „So aber ahmen Sie nach was Ihnen dort vorgestellt wird und bringen Unglück und Fluch in die Familien" (S. 12, Z. 11ff.; konkretisiert werden die Inhalte am Ende der Szene, vgl. S. 13, Z. 35ff.).

Gegen diese elitäre, nutzlose und im doppelten Sinne 'unordentliche' (Bezug zu Adel und Bürgertum) Erscheinungsform der Komödie wird die *Form* des Dramas gesetzt. In ihrer realistischen sozialen Detailgenauigkeit und ihrer Kritik an den gesellschaftlichen Zuständen wird sie als bürgerliche Aufklärungs- und Erziehungsinstitution eingesetzt.

Für Lenz bedeutet die Komödie nicht Amüsement, Entlastung durch Lachen o.ä., sondern er sieht sie von ihrer literaturgeschichtlichen Tradition her als Volksform, also eine Theaterform für das Volk und mit der Darstellung von Angelegenheiten aus dem Volk (vgl. Selbstrezension des ‚Neuen Menoza' und Sturm und Drang, S. 164). Eine Verwendung der Komödie als Gelegenheit adeligen Amüsements ist deshalb eine Funktionsverkehrung der Gattung. In seiner Unterscheidung der zwei möglichen Dramentypen (vgl. Editionen, S. 72) charakterisiert Lenz, was im 20. Jahrhundert geschlossenes und offenes Drama genannt wird, und formuliert damit implizit seine Opposition gegen die aristotelische klassizistische Tragödie Frankreichs. Was er an ihr kritisiert, sind nicht äußerliche formale Unterschiede, sondern die dahinterstehende Unzeitgemäßheit der 'Idealisierungen': daß nicht Menschen gezeigt werden, sondern Marionetten, Schicksale statt Handlungen (vgl. ‚Anmerkungen übers Theater'). Wegen des Transzendenzverlustes sind Idealisierungen und die drei Einheiten, die ja formal ein harmonisches Ganzes repräsentieren sollen, obsolet. Mindestens der Hinweis auf die tragédy classique müßte im Unterricht hier erfolgen, um Lenzens sozialgeschichtlich begründete Innovationen deutlich zu machen (vgl. sehr genaue Hinweise bei Rühmann, S. 131ff.). Daß sich Wesener und seine Tochter am Schluß halbtot auf der Erde wälzen, daß von Huren geredet wird, daß der soziale Fall mit Kontorsionen (vgl. V, 2) anschaulich gemacht wird, wäre in der erhabenen Tragödie undenkbar, weil mit der Würde der Helden unverträglich.

Guthke hat den neuen Lenzschen Formtypus als Tragikomödie bezeichnet: Abwechslung tragischer und komischer Szenen (Beispiele für beides können von den Schülern selbständig gesucht und verglichen werden), tragischer Verlauf, Nichteintreten eines tragischen Schlusses, sozialer Personenstand sind Kennzeichen dieser Form (vgl. Guthke, S. 275); es geht dabei aber nicht um eine Addition von tragischen und komischen Elementen, sondern um eine Synthese: „Komik und Tragik sind nicht zwei voneinander getrennten Gattungen zugewiesen, wie das die traditionelle Poetik erforderte, sondern je nach Gesichtspunkt eine andere Seite derselben Münze" (Schwarz, S. 96). Diese Synthese hat ihren inhaltlichen Grund in einer grundsätzlichen Dissoziation und Inkongruenz: von Situation und Person (vgl. Guthke, S. 277) und von Ideal und Realität (vgl. Schwarz, S. 94f.). Paradigmatisch ist dies an der Mord-Selbstmord-Szene V, 3 zu zeigen. In ihr ereignet sich äußerlich der 'klassische' Tragödienschluß, dramaturgisch vorbereitet in IV, 9 und IV, 11 (hier auch mit dem Unrechtsgedanken begründet). Die Trivialität der Szenenhandlung in V, 3 kontrapunktiert aber die Tragik von Mord und Selbstmord: Desportes und Mary essen; Dialogtext und Subtext werden komisch zusammenmontiert („Desportes schlingt die Suppe begierig in sich" – „Aller Appetit zu ihr (Mariane) verging mir."); die 'tragische' Figur Stolzius rückt nicht etwa ins Zentrum, sondern bleibt, stärker noch als in früheren Szenen, in die Untergebenenrolle des Bedienten, der die Suppe bringt(!), eingebunden. Im Moment des Mordes setzt der Dialog fast aus: Nur noch Interjektionen und Satzfragmente werden durch Gestik fast ersetzt. Und in dem wiedereinsetzenden Dialog/Monolog wird die Tat mit individueller Rache begründet (und nicht etwa, wie IV, 11 nahelegt, mit einem sozialen Impuls: Dieser ist Stolzius wohl bewußt, treibt aber nicht sein Handeln). Die Inkongruenz von Ideal und Realität wird darin besonders augenfällig, daß für Mariane, um deretwillen die Tat begangen wird, die Rache völlig folgenlos bleibt; ihr sozialer Fall bleibt davon vollkommen unberührt, wie die unmittelbar folgende Szene zeigt.

„Schließlich erscheint auch die individuelle Rache der einzelnen Ungerechtigkeit als aussichtslos. Sie erhält dem Rächer die Selbstachtung, gibt ihm Genugtuung, nicht gänzlich von den herrschenden Verhältnissen gefesselt zu sein [...] Die Rache erlaubt ihm den Genuß, sagen zu können: ‚Ich sterbe vergnügt, da ich den mitnehmen kann.' [...] Auch dieses Vergnügen ist eingebildet [...] Es lebt von dem Unrecht der ganzen Gesellschaft, das dieser Handlung, dem Mord, erst den Reiz des Gerechten, den Sinn der richtigen Handlung zu geben vermag. So muß der Rächer, der auf den Triumph der höchsten Gerechtigkeit verzichtet, mit seinem Opfer selbst hinab. Darin liegt die Bedeutung der allegorischen Mord-Selbstmord-Figur unter der realistischen Szene" (Preuss, S. 69).

2.4.3 Autor- und Werkintention: 'politisch-sozial'?

2.4.3.1 Der Autor und sein Stoff
Lenzens Straßburger Situation, die Affäre des älteren von Kleist mit der Goldschmiedtochter Cleophe Fibich, der Bruch des Heiratsversprechens und Lenzens eigene Rolle als Vermittler und Betroffener sind im Unterricht leicht aus den Materialien (Editionen, S. 71f., 76ff., 79 und Biographie, S. 112) zu erschließen.

2.4.3.2 Die Schlußszene: Reform
Der Vergleich der beiden Fassungen der letzten Szene mit der Kipphardtschen Bearbeitung (vgl. Editionen, S. 99f. und die betreffenden Passagen in den Rezensionen) lassen deutlich die Ernsthaftigkeit des Reformvorschlages durch den Obristen erkennen. Während Kipphardt den Strang der Offiziersszenen fortführt und den 'verrückten' Pirzel die 'Pflanzschule für Soldaten' vorschlagen läßt, macht Lenz den Obristen zum Sprachrohr dessen, was er in seiner Schrift ‚Über Soldatenehen' (Editionen, S. 73ff.) als ernsthafte, weitaus differenziertere Eingabe an die politischen Machthaber seiner Zeit formuliert. Das Faktum des pragmatischen Reformvorschlags und seiner – verkürzten – Verarbeitung innerhalb der Dramenfiktion zeigt bereits ansatzweise, daß Lenz eine Wirkungspoetik vertritt, die die Komödie nicht beim nutzlosen Amüsement beläßt, sondern ihr zutraut, sozial wirksam zu werden, in die Realität einzugreifen. Daß es sich bei dem Reformvorschlag nicht um ein historisches Kuriosum handelt, ist zu betonen mit Blick auf die Französische Revolution: „Was Lenz hier, ohne es zu wissen, nichtsdestoweniger in aller Klarheit beschreibt, ist das Konzept des Revolutionsheeres, eines Heeres nicht zusammengekaufter und -gepreßter Söldner, sondern motivierter Soldaten, motiviert, weil sie, indem sie für ihr Land kämpfen, für sich selbst kämpfen [...]" (Kreutzer, S. 218; vgl. auch Stephan/Winter, S. 173). Das aber ist aus der Schlußszene selbst nicht zu ersehen. Ihre Problematik liegt nicht darin, daß sie eine unvermittelte 'didaktische' Wendung vollzöge und damit ästhetisch isoliert stünde. Denn im Dramenverlauf wird sie deutlich vorbereitet (besonders deutlich in III,10, wo die Gräfin von der Problematik der Liebe eines Soldaten spricht; vgl. S. 45, Z. 31ff.). Ihre Problematik liegt vielmehr darin, daß der Reformvorschlag völlig standesintern bleibt. Die Wiedergutmachungsideen des Obristen erhalten Mariane als 'Objekt', nur diesmal nicht adeliger Willkür, sondern aristokratisch karitativer, humanitärer Gesinnung. Durchaus im Sinne des bürgerlichen Ökonomiedenkens liegt die Wiedergutmachung im Bezahlen der Schulden. Die Pflanzschule ist dazu da, die durch Offiziersunordnung durcheinander gebrachte Welt wieder aufblühen zu lassen, d.h. einen ordentlichen Zustand der bestehenden Gesellschaftsstruktur zu restituieren. In diesem Sinne ist der Vorschlag des Obristen im Drama (im Unterschied zur Schrift über Soldatenehen) nicht einmal reformistisch, sondern restaurativ. Ihn als Autorintention ernstzunehmen, heißt, das unter gegebenen Verhältnissen, die das Werk ja zeigt, politisch Mögliche als Wirkungsabsicht zu erkennenen: die Beseitigung der durch die adeligen Offiziere verursachten sozialen Unordnung. Das mag die politische Seite sein, von der Lenz gegenüber Herder spricht (vgl. Editionen, S. 70). Darin mag Lenz auch die unmittelbar mögliche Erfül-

lung seines eigenen Wertungskriteriums von Literatur sehen: „Laßt uns [...] einen andern Weg einschlagen, meine Brüder, Schauspiele zu beurteilen, laßt uns einmal auf ihre Folgen sehen, auf die Wirkung, die sie im ganzen machen" (Götz-Aufsatz). Die Problematik der Schlußszene liegt zum zweiten darin, daß die vorgeschlagene 'Lösung' an Marianes Problematik vollkommen vorbeigeht: Die sozialen Widersprüche, die das Drama darstellt, würden eben deshalb durch die Einlösung des Reformvorschlags gar nicht berührt, weil die Reform das 'alte' System wiederherstellen würde, d.h. die gesellschaftlichen Strukturen restabilisierte, die für die Nichtidentität und Verdinglichung Marianes verantwortlich sind – die Ökonomisierung der zwischenmenschlichen Kommunikation und die Unmöglichkeit autonomen Handelns.

2.4.3.3 Integrationspunkt: ‚Über Götz von Berlichingen'

Bliebe es bei diesen Befunden, so wäre das Drama realistisch und diagnostisch klarsichtig, aber eben ein „Dokument der Verzweiflung über einen immobilen Zustand" (Stephan/Winter, S. 173). Die gesellschaftskritische Radikalität des Werkes kann aber darin gesehen werden, daß sich Lenz des Ideals der Autonomie bewußt ist – das ist die Erbschaft der Aufklärung –, seine Realisierung aber erst unter veränderten gesellschaftlichen Bedingungen für möglich hält, das hieße, daß das Stück gerade durch seinen Realismus implizit diese Veränderung einklagt. Den Beleg dafür bietet nicht die realistische Dramenfiktion, sondern die Realität und Ideal vermittelnde Reflexion des Autors Lenz: der Götz-Aufsatz von 1774; seine ersten Absätze lauten:

Über Götz von Berlichingen

Wir werden geboren – unsere Eltern geben uns Brot und Kleid – unsere Lehrer drücken in unser Hirn Worte, Sprachen, Wissenschaften – irgendein artiges Mädchen drückt in unser Herz den Wunsch, es eigen zu besitzen, es in unsere Arme als unser Eigentum zu schließen, wenn sich nicht gar ein tierisch Bedürfnis mit hineinmischt – es entsteht eine Lücke in der Republik, wo wir hineinpassen – unsere Freunde, Verwandte, Gönner setzen an und stoßen uns glücklich hinein – wir drehen uns eine Zeitlang in diesem Platz herum wie die andern Räder und stoßen und treiben – bis wir, wenn's noch so ordentlich geht, abgestumpft sind und zuletzt wieder einem neuen Rade Platz machen müssen – das ist, meine Herren! ohne Ruhm zu melden unsere Biographie – und was bleibt nun der Mensch noch anders als eine vorzüglich-künstliche kleine Maschine, die in die große Maschine, die wir Welt, Weltbegebenheiten, Weltläufte nennen, besser oder schlimmer hineinpaßt.

Kein Wunder, daß die Philosophen so philosophieren, wenn die Menschen so leben. Aber heißt das gelebt? Heißt das, seine Existenz gefühlt, seine selbständige Existenz, den Funken von Gott? Ha, er muß in was Besserm stecken, der Reiz des Lebens: denn ein Ball anderer zu sein ist ein trauriger, niederdrückender Gedanke, eine ewige Sklaverei, eine nur künstlichere, eine vernünftige, aber eben um dessentwillen desto elendere Tierschaft. Was lernen wir hieraus? Das soll keine Deklamation sein, ihr Herren; wenn Ihr Gefühl Ihnen nicht sagt, daß ich recht habe, so verwünscht ich alle Rednerkünste, die Sie auf meine Partei neigten, ohne Sie überzeugt zu haben. Was lernen wir hieraus? Das lernen wir hieraus, daß handeln, handeln die Seele der Welt sei, nicht genießen, nicht empfindeln, nicht spitzfündeln, daß wir dadurch allein Gott ähnlich werden, der unaufhörlich handelt und unaufhörlich an seinen Werken sich ergötzt; das lernen wir daraus, daß die in uns handelnde Kraft, unser Geist, unser höchstes Anteil sei, daß die allein unserm Körper mit allen seinen Sinnlichkeiten und Empfindungen das wahre Leben, die wahre Konsistenz, den wahren Wert gebe, daß ohne denselben all unser Genuß, all unsere Empfindungen, all unser Wissen doch nur ein Leiden, doch nur ein aufgeschobener Tod sind. Das lernen wir daraus, daß diese unsre handelnde Kraft nicht eher ruhe, nicht eher ablasse zu wirken, zu regen, zu toben, als bis sie uns Freiheit um uns her verschafft, Platz zu handeln; guter Gott! Platz zu handeln, und wenn es ein Chaos wäre, das du geschaffen, wüste und leer, aber Freiheit wohnte nur da, und wir könnten dir nachahmend drüber brüten, bis was herauskäme – Seligkeit! Seligkeit! Göttergefühl das!

Verzeihn Sie meinen Enthusiasmus! Man kann nicht [zu] enthusiastisch von den Sachen sprechen; da unsere Gegner so viel Feuer verschwenden, uns das Leiden süß und angenehm vorzustellen, sollen wir nicht aus Himmel und Hölle Feuer zusammenraffen, um das Tun zu empfehlen? [...]

Der Anfang ist hier ganz zitiert, weil mit ihm die Schlußdiskussion um Werk- und Autorenintention erst angemessen und anschaulich zu führen ist. Der erste Absatz schildert die all-

tägliche Realität und bringt damit auf den Begriff, was im Drama als Marianes 'Schicksal' dargestellt wird: der 'gefristete Tod'. Der zweite Absatz aber, der symptomatischerweise eine ganz ähnliche Formulierung – „ein aufgeschobener Tod" – für diese schlechte Lebenwirklichkeit verwendet, entwirft dagegen das Ideal des wahren Lebens: Freiheit und Handlungsfähigkeit. Warum aber wird dieses Ideal nicht in das Drama integriert? Weil es sich eben unter den gegebenen Verhältnissen stets als Selbsttäuschung und Trug erweist. Die realistische Darstellung hingegen klärt gerade durch das Fehlen des Ideals über die „Unerlöstheit" und die „Erlösungsbedürftigkeit" des jetzigen Zustands auf. Die durchgängige Spannung zwischen Realität und Ideal fordert die Realisierung des Ideals. Im Sinne von Lenzens Wirkungspoetik muß seine Tragikomödie, deren Substanz als Form ja, wie oben beschrieben, die Inkongruenz von Ideal und Realität ausmacht, „mit ihren unfreien Protagonisten [...] e negativo gelesen werden" (Schwarz, S. 57). Der Vorwurf der Gräfin: „Sie wollten die Welt umkehren" würde so zur Forderung: Umkehr der Welt. Dies, den Platz zu handeln, die Freiheit, das Ideal also, tätig voranzutreiben, macht der dritte Absatz des Götztextes dem Theater zur Aufgabe. Darin liegt letztlich auch ein Erbe der Aufklärung: der didaktische, erzieherische Impuls von Literatur, den Lenz in seinem Brief an Sophie von la Roche (Editionen, S. 69) als realistisches 'Programm' für „das ganze Volck" formuliert. Die „realistische Schilderung erfüllt ein idealistisches Ziel: die Verbesserung der Gesellschaft durch das Theater" (Schwarz, S. 69)
Während so das Drama in seiner Schlußszene das (tages-)politisch Mögliche akzentuiert, stellt es im Bewußtmachen der Diskrepanz von Ideal und Realität die bestehende Gesellschaftsstruktur radikal in Frage: Durch die Darstellung des Nicht-Möglichen soll zum Möglichen erzogen werden.

2.5 Friedrich Wolf: ‚Cyankali' (1929)

„Seit hundert Jahren, seit Büchners Tod, haben wir kein Drama mehr – Hauptmanns ‚Weber', Tollers ‚Hinkemann' und einige Stücke Shaws ausgenommen –, das es wagte, die Tragödie der eigenen Zeit bei ihrem Namen zu rufen, aus dem Flammenwirbel vor unseren Füßen ein Scheit zu ergreifen, um es als Fackel dem Dämon *unserer* Tage ins Auge zu leuchten [...]
Es fängt erst an! Die Verdammten der Erde haben den ersten Atemzug getan! Einige Throne sind gepurzelt [...]
Wo sind die Propheten, die als höchste Sendung ansahen, *Zeitgewissen zu sein*, ihrer Zeit an Herz und Nieren zu greifen? Es gibt keine 'Propheten' mehr in unseren Tagen des Dynamos und Radios. Wo aber sind die Dichter, die Propheten und Spiegelhalter unserer Tage?
Schreckt euch der Anwurf zarter Seelen, die euren Ewigkeitsgehalt bezweifeln, wenn sie euch zu *Tendenzdichtern* stempeln? Nur zu! Ihr seid in nicht schlechter Gesellschaft!" (zitiert nach: Schauspiel, Stuttgart, S. 71).

Friedrich Wolf hat das in einem Vortrag auf der Volksbühnenjugendtagung 1926 formuliert. Er stellt sich – indirekt – in eine literatur-'politische' Tradition, die es rechtfertigt, sein Stück ‚Cyankali' an den Schluß der Unterrichtsreihe über das soziale Drama aufzunehmen: eine Tradition – er nennt ‚Kabale und Liebe', Büchner, ‚Die Weber' –, die, statt auf den 'Ewigkeitsgehalt' zu pochen, direkt die eigene Zeit thematisiert und damit in die eigene Zeit eingreifen will.

2.5.1 Die Untersuchungsperspektive: Tendenz

Damit ist die zentrale Perspektive benannt, unter der die unterrichtliche Diskussion des Dramas stehen kann. Da das Stück m.E. wenig interpretationsbedürftig ist, weil es unverhohlen, in klar verständlicher Milieuschilderung und -sprache einen heute noch diskutierten gesellschaftlichen Sachverhalt, die Abtreibung, darstellt, liegt der vorgeschlagene Behandlungsschwerpunkt nicht auf Werkanalyse und Interpretation, sondern auf dem veränderten

Kunstbegriff und der dahinterstehenden ästhetisch-politischen Position. Beides ist in nuce in dem zitierten Vortrag vorgestellt: Dichtung soll Zeitprobleme aufgreifen, Zeitgewissen sein, d.h. dem Publikum den Spiegel der Zeit vorhalten und damit Wirklichkeit verändern; sie soll Tendenz sein, indem sie die Partei der 'Verdammten der Erde' ergreift.
Wolfs literarischer und biographischer Werdegang sowie die Umstände der Entstehung und Rezeption des ‚Cyankali'-Stücks sind der Zeittafel und der Einleitung in den Materialienteil der Editionen (S. 108f., S. 67ff.) zu entnehmen. Seine Biographie macht deutlich, daß es sich bei dem Arzt Wolf nicht um einen Dachstubenpoeten handelt, sondern um einen Autor, der als Kommunist (seit 1928) parteilich und engagiert an den gesellschaftlichen Auseinandersetzungen seiner Zeit teilnimmt – und zwar dies ohne Unterscheidung zwischen politischem und 'literarischem' Engagement.
Seine Mitarbeit im 'Bund proletarisch-revolutionärer Schriftsteller' (BPRS) legt es nahe, dessen literaturpolitische Programmatik zu konkretisieren, um Kongruenzen zu Wolfs Ästhetik verstehbar zu machen. Die zeitgenössischen Reaktionen auf das Stück, gerade der Linken, sind ohne eine solche Folie nur schwer einsehbar.
Die folgenden Hinweise verstehen sich als Vorlage für einen kurzen informierenden Lehrervortrag. Der BPRS wurde im Oktober 1928 als deutsche Sektion der Moskauer 'Internationalen Vereinigung Revolutionärer Schriftsteller' (IVRS) gegründet; ab 1933 existierte er als kleine illegale Gruppe in Berlin weiter und wurde 1935 aufgelöst. Das Zeitungsorgan des BPRS war die im Internationalen Arbeiterverlag Berlin erscheinende ‚Linkskurve'; sie erschien von 1929 bis 1932. Im Bund waren Regisseure, Mitarbeiter kommunistischer Verlage und sogenannte 'Arbeiterkorrespondenten' tätig. Letztere waren „freie, unbezahlte Mitarbeiter, die an die KPD-Zeitungen Berichte schickten, Berichte über die Zustände in ihrem Betrieb, ihrer Jugendorganisation, ihrer Parteizelle" (Gallas, S. 24). Bereits diese äußeren Fakten zeigen den internationalen und proletarischen Akzent des BPRS sowie die das Ende der Weimarer Republik kennzeichnende Auseinandersetzung mit dem Faschismus.
In der Gründungsversammlung forderte J. R. Becher eine proletarische Klassenliteratur: „An diese 'Literatur von unten' glauben wir, auf der Arbeit an ihr liegt unser Hauptgewicht, von ihr hoffen wir, daß sie die schärfste und brauchbarste künstlerisch-literarische Waffe sein wird im Klassenkampf" (zit. nach Gallas, S. 11). Voraussetzung für diese klassenkämpferische Funktionsbestimmung der Literatur war die Erwartung, die deutsche proletarische Revolution stehe unmittelbar bevor. Daraus erklären sich auch die Ziele des BPRS: Proletarisch-revolutionäre Literatur sieht und gestaltet die Welt aus der Perspektive des Proletariats; sie dient der Vorbereitung der Revolution, indem sie Kunst als Waffe des Klassenkampfes einsetzt; der Bund entwickelt eine eigene proletarische Literaturtheorie, zu der auch die Abgrenzung der proletarischen Klassenliteratur gegen die bürgerliche Klassenliteratur gehört (Voraussetzung: jede Literatur hat Klassencharakter; vgl. zu den bisher genannten Zielen: Gallas, S. 72ff., v.a. Bechers Aufsatz ‚Unsere Front' in der ersten Nummer der ‚Linkskurve', vgl. Gallas, S. 78f.); er organisiert die „Zusammenfassung aller proletarisch-revolutionären Schriftsteller" (Gallas, S. 33), zu denen neben den proletarischen und den Arbeiterkorrespondenten auch die bürgerlich-revolutionären wie etwa Friedrich Wolf gehören.
Abgrenzung ist der Trend der ‚Linkskurve' in der ersten Phase des Erscheinens: natürlich von der Rechten, aber auch von der bürgerlichen fortschrittlichen, aber nicht-kommunistischen Linken.
„Proletarisch-revolutionäre Literatur ist nicht Armeleutepoesie oder Mitleidsdichtung, sie bewimmert nicht tränenbeflissen das Elend des Proletariats [...]" (zit. nach Gallas, S. 79). Darin steckt auch eine literaturgeschichtliche Abgrenzung gegen naturalistische Tendenzen (Hauptmanns ‚Weber' als Beispiel). Ungeklärte Probleme der 'ästhetischen' Diskussion sind: Sollte diese neue Literatur von Proletariern oder für Proletarier sein? Realisiert sich im 'von' oder im 'für' der Klassencharakter? Wird sie durch neue Inhalte (Darstellung von Lebens-

weise und Problemen des Proletariats) oder durch neue Formen charakterisiert? Welche neuen Formen sind überhaupt möglich? Sind neue künstlerische Formen wie 'innerer Monolog', 'episches Theater' o.ä., die aus der bürgerlichen Literatur stammen, überhaupt übernehmbar oder eo ipso 'dekadent'? Trotz solcher offenen Probleme ist als Kernpunkt des BPRS-Programms zusammenzufassen: „Beabsichtigt war [...] eine auf Veränderung der Weimarer Gesellschaftsordnung angelegte operative Literatur, die den Leser zur Stellungnahme zwingen und wenn möglich zur Aktion führen sollte" (Gallas, S. 31).

2.5.2 Die soziale Problematik des Stücks

2.5.2.1 Authentizität und sozialer Bezug

Der Druckauflage von 1929 hat Friedrich Wolf einige Texte vorangestellt, die das Problem seines Stückes vor Augen führen. Die Zeitungsberichte, die statistischen Angaben über das Ausmaß an Todesfällen bei Abtreibungen (mit Cyankali), der solidarische Brief einer Amerikanerin und der Gesetzestext § 218 Strafgesetzbuch suggerieren durch ihren dokumentarischen Charakter Authentizität, die das Einzelschicksal der Hete in der dramatischen Fiktion als aktuelles, in der Öffentlichkeit (der 'Medien') bekanntes kollektives soziales Problem der arbeitenden Klassen kenntlich macht. Der soziale Bezug wird auch in der Betrachtung der dramatis personae deutlich: Die Hauptpersonen stammen, durch Berufsbezeichnungen ausgewiesen, aus der Arbeiterschicht, hinzutreten der zum Bürgertum gehörige Arzt, sowie Kommissar und Wachtmeister als Vertreter der Staatsmacht. So sehr im Dokumentarischen des 'Vorspanns' Realitätsnähe deutlich gemacht wird, so wenig wird doch 'objektiv' in das Problem des Schwangerschaftsabbruchs eingeführt. Im Lapidaren der Fakten wie im Pathos der Anklage (vgl. S. 3, Z. 9ff.) wird die Partei, die das Stück für Hete ergreift, bereits kollektiv vorweggenommen und der abstrakten Neutralität des Strafgesetz-Paragraphen entgegengesetzt.

2.5.2.2 Das Abtreibungsproblem

Der Abtreibungs-Paragraph 218 StGB ist bis heute immer wieder Gegenstand von Diskussionen, Kirchentagen, Parteienauseinandersetzungen. Im Unterricht ist deshalb zunächst an der Aktualität des Problems anzusetzen; zum einen, um die trotz der unveränderten Brisanz des Themas gleichwohl vorhandene historische Distanz zum Stück deutlich werden zu lassen; zum andern, um die 'politischen' Schwerpunktsetzungen in Wolfs literarischer Bearbeitung des Gegenstands erarbeiten zu können. Mit Bezug auf immer wieder erscheinende aktuelle Zeitungsmeldungen zur Abtreibungsdiskussion könnte in der Klassendiskussion folgende Skizze entstehen, die im folgenden Schritt die Problemdimensionen im Drama ergibt.

2.5.2.3 Die Gestaltung der Problemdimensionen im Drama

Aus der Kenntnis des Stücks läßt sich nun zunächst summarisch diskutieren (Hypothesenbildung!), welche Problemdimensionen im Stück erscheinen und wohin Wolf den Schwerpunkt legt. Erkennbar wird dabei, daß Problemlösungen in der öffentlichen Diskussion damals nicht existierten, aber auch heute noch nicht realisiert sind. Daß das Stück den Schwerpunkt auf die soziale Dimension legt, springt ins Auge; das aber gilt es nun, am Drama zu verifizieren und zu konkretisieren. (Arbeitsteilig als Gruppen- oder Hausaufgabe werden in die Kästchen der Skizze 'Aspekte im Drama' die Textbefunde eingetragen.)

moralisch, ethisch, religiös

Schutz des Lebens
„Du sollst nicht töten!"
ethische Indikation
(nach einer Vergewaltigung)

Aspekte im Drama:

sozial

soziale Gründe für/gegen Abtreibung, soziale Situation der Betroffenen, evtl. Differenzierung des Problems nach Schichtenzugehörigkeit
soziale Indikation (kinderreiche Familien, Härtefälle)

Aspekte im Drama:

§ 218

juristisch

§ 218 StGB
staatliche Verpflichtung zur Realisierung von Gesetzen
u.U. Gegensatz von Individuum und Staat
Möglichkeiten von Gesetzesänderungen

Aspekte im Drama:

politisch

unterschiedliche Parteienpositionen, Wählerabhängigkeit und Gewissensabhängigkeit von Parlamentariern, politische Durchsetzbarkeit
öffentliche Diskussion
Interessengruppen (Mediziner, Kirchen, Verbände ...)
Fristenlösung (Freigabe der Abtreibung in den ersten 3 Monaten);
medizinische Indikation (bei Gefahr für das Leben der Mutter)
genetische Indikation (bei erwartbaren Schädigungen oder Erbkrankheiten des Kindes

Aspekte im Drama:

1.) Die soziale Dimension: Welche Gründe vermittelt das Stück für Hetes Abtreibungsversuch? Solange sich Hete und Paul in 'gehobener Stellung' befinden (vgl. S. 11, Z. 3), wollen sie, trotz Bedenken, das Kind bekommen. Die Änderung ihres Entschlusses wird nicht durch individuelle oder moralische Bedenken (z.B., daß die beiden nicht verheiratet sind) ausgelöst, sondern durch wirtschaftliche und soziale: „Wir können das Kind doch nicht haben, wo die Öfen aus sind, die Betriebe still, der Paul arbeitslos und nur ich verdiene [...]" (S. 19, Z. 37ff.). Im Gespräch mit Dr. Moeller wiederholt Hete dies als Hauptgrund und zeigt die sozialen Folgen von Arbeitslosigkeit und Arbeitskampf für die Arbeiter: „[...] die Aussperrung nun schon vier Wochen, kaum Brot und Kartoffeln, sechs Menschen in einer Kammer [...] wie soll da noch ein siebentes herein! Sie sind doch Arzt, Sie sehen täglich ja das ganze Elend [...]" (S. 36, Z. 18ff.). Dieser tieferliegende Grund – das ganze soziale Elend – wird als Kontext des Abtreibungsproblems von Anfang an dem Leser vor Augen geführt, noch ehe es Hete selbst trifft: in Frau Klees Erzählungen (S. 7), in ihrer Auseinandersetzung mit Prosnick (S. 14), in den Schicksalen der Frau Eckert (S. 9) und Frau Witt (S. 22). Vor diesem Hintergrund wird ein zweites Motiv deutlich, das sich leitmotivisch durch das Stück zieht:

Angst (S. 20, 21, 37, 57, 64, 65). Zum ersten Male tritt dieses Motiv auf, als Hete von Prosnick 'das Mittel' haben will (S. 20, Z. 11ff.); der Kontext zeigt, daß sich die Angst hier auf die sozial nicht 'lebbare' Zukunft mit einem Kind bezieht. Die Verhältnisse würden nicht durch ein Kind kompliziert, sondern die Verhältnisse lassen ein Kind nicht zu. Gerade weil die Angst aber nicht konkretisiert, nicht auf einen Grund zurückgeführt wird, haftet an ihr Bedrohlichkeit, Unfaßbarkeit. Sie bezieht sich auf das 'fremde', auf das eigene Leben, auf eine nicht zu bewältigende Zukunft, deshalb ist sie in dem Moment verschwunden, in dem Hete weiß, daß die Abtreibung – wie auch immer – gelungen ist (vgl. S. 57, Z. 24ff.); erst am Schluß kommt sie wieder als Todesangst (S. 65). In der Angst findet die Wehrlosigkeit, das Ausgeliefertsein an die sozialen Verhältnisse, die Hilflosigkeit ihren Begriff.

Die soziale Welt Hetes ist die des 'Proletariats'; die Darstellung im Stück differenziert diese Schicht aber in sich sehr genau. Sozialer Abstieg wird an Herrn Klee exemplifiziert: ein „Syfong von Mann, der säuft, weil ihm's Elend zum Halse raushängt, und der keinen Kies hat, weil er stempeln muß" (S. 6, Z. 24ff.). Die Arbeitslosigkeit katapultiert den Betroffenen aus dem sozialen Gefüge – „nur saufen und Bälger machen" (S. 7, Z. 19) sind die Endpunkte funktions- und bewußtlosen Handelns, welches das 'Elend' nur noch potenziert. – Demgegenüber steht der relative und labile soziale Aufstieg – innerhalb des Proletariats. Hete selbst und Paul fühlen sich in 'gehobenen' Verhältnissen, weil Paul Vertrauensmann in seinem Werk ist und sich als 'werkständiger Spezialarbeiter' (vgl. S. 8, Z. 20) sicher wähnt; Hete ist „ruffgerutscht [...] vom Packraum übers Sortierband zum Büro" (S. 6, Z. 20). Frau Klees Sticheleien gegen ihre vornehme Sprache (vgl. S. 6) verweisen darauf, daß sie damit auf dem Wege ist, jene für die Weimarer Republik typische 'Zwischenklasse' der Angestellten zu erreichen, die Kracauer beschrieben hat (und die literarisch, auch mit ihren Gegensätzen zum eigentlichen Proletariat, in Falladas ‚Kleiner Mann – was nun?' dargestellt ist). Solche Vornehmheit – als Differenzierung der untersten Schicht – findet auch darin Ausdruck, daß Mutter Fent auf ihre 'reelle Familie' (vgl. S. 16, Z. 31f.) hinweist und im Verhör des Kommissars als 'ordentliche' Frau behandelt wird (vgl. S. 60). Der soziale Aufstieg ist aber relativ, weil er lediglich die Stabilisierung der Lebensverhältnisse und -fähigkeit innerhalb der untersten Schicht betrifft; er ist labil, weil es keinerlei soziale Sicherheiten gibt: Der Arbeitskampf, auf den das Syndikat mit Aussperrung antwortet, setzt alle sozialen Sicherheiten aus. Paul wird durch die Verhältnisse 'kriminalisiert': Flucht, Verstecken, Verhaftung dokumentieren sein Herausfallen aus dem sozialen Zusammenhang, ohne daß er allerdings sein 'Klassen-Bewußtsein' verliert (vgl. sein Auftreten in der letzten Szene). Der Gegentyp zu ihm ist Prosnick: der opportunistische Aufsteiger, den nur seine Funktion und relative Macht als Hausverwalter im Dienste eines Kommerzienrates überlegen machen, dem in Denken und Handeln diese Abhängigkeit jedes Bewußtsein für seine faktische Klassenzugehörigkeit raubt. Deshalb nennt Paul ihn wiederholt einen 'miesen, verprügelten Köter wie wir alle' (vgl. S. 11, Z. 29; S. 62, Z. 24). Er nimmt an den sozialen Auseinandersetzungen nicht teil, weil er sich von ihnen nicht betroffen fühlt, und fällt ihnen dennoch zum Opfer. Daß Prosnick in die soziale Schicht Hetes und Pauls gehört, läßt sich auch daran sehen, daß seine Sprache und Sprechweise nicht sozial 'ausdifferenziert' ist (wie etwa bei Dr. Möller und dem Kommissar). Vom Inhaltlichen abgesehen, ist die Milieuschilderung insgesamt v. a. in der Sprache der Arbeiter präsent und präzis: Die Kürze der einzelnen Dialogpartien, umgangssprachliche Abkürzungen (Mach's, ist's, so'n) und Grammatikverstöße („Tu dir bloß nicht so dicke!" S. 11, Z. 28), Einwortsätze, Parataxe, durch Punkte gekennzeichnete Auslassungen, das Vokabular der Arbeitskämpfe – all das kennzeichnet die Sprache als Soziolekt und ist Mittel des sozialen Realismus.

Erst wenn dieser differenzierte soziale Zusammenhang erkannt ist, wird der Stellenwert des Abtreibungsproblems wirklich deutlich. Auch wenn dies dem Stück den Titel gibt, so macht doch erst der Kontext, in den das Problem eingebettet ist, es in seinem exemplarischen sozialen Charakter deutlich. Wohl wird die Abtreibungspraxis Ende der Weimarer Republik scharf attackiert; in dieser Attacke aber wird ein ganzes Gesellschaftssystem, das diese Praxis ermöglicht, angeprangert.

2.) Die politische und juristische Dimension: Von zwei Personen bzw. Personengruppen werden Hinweise auf Gesetz und Recht gegeben: von Prosnick und Dr. Möller/Kriminalkommissar. Der Hausverwalter beruft sich auf Gesetze, um seine zweifelhafte Macht gegenüber den Hausbewohnern auszuspielen: Kuppelei (S. 12), Hausfriedensbruch (S. 21), Landfriedensbruch (S. 62). Auch hier zeigt sich wieder, daß sich das Stück nicht etwa auf die juristische Seite des Abtreibungsproblems konzentriert, sondern das Umfeld deutlich macht. Bei Prosnick steht die Berufung auf Gesetze im Dienst einer Ordnung, die er für den Kommerzienrat, also nicht im Interesse etwa seiner eigenen sozialen Schicht, aufrechterhält. Für diese, für die Arbeiter also – das zeigen deren Reaktionen –, gehen die Gesetze an ihrer Realität vorbei. Was für die 'Herrschenden', deren Sprachrohr Prosnick hier ist, Kuppelei ist, bedeutet für Paul und Hete Liebe; was für jene Haus- und Landfriedensbruch, ist für diese existentielle Notwendigkeit (die Spritze, vgl. S. 21) bzw. Arbeitskampf. – Dr. Moeller zitiert den Wortlaut des § 218, als er Hete die Abtreibung verweigert, die er vorher der 'Dame' gewährt hat (vgl. IV). Was er gegenüber der Dame seiner Gesellschaftsschicht mit 'Diskretion' erledigt und der ärztlichen Schweigepflicht überantwortet (vgl. S. 33), ist gegenüber einer mittellosen, auf Krankenscheine angewiesenen Arbeiterin als 'strafbare Handlung' (S. 36, Z. 24) abzulehnen. Wolf klagt so die Justiz als bürgerliche Klassenjustiz an. Das doppelbödige Rechtsgefühl – durch die Szenenkonstellation des IV. Bildes dem Zuschauer plakativ bewußtgemacht – wird in der Schlußszene politisch durch Dr. Möller konkretisiert: „Wenn ihr wirklich im Recht wäret, und wir paar andern wären im Unrechte, bitte, euer demokratischer Staat gibt ja den Millionen die Möglichkeit, ihre Stimmen zu erheben und den Paragraphen wegzufegen mit einer *Volksabstimmung*!! Aber wo sind die Millionen? Wo ist das Volk?!" (S. 63, Z. 3ff.). Hier wird das antidemokratische Denken der Weimarer Republik („*euer* demokratischer Staat") formuliert und in dem Zynismus der Fragen die elitäre Menschenverachtung gegenüber den sozial Untersten. Die politische Gegengewalt aber, die dieser Zynismus auslösen kann, zeigt das 'Noch' in Pauls Gegenrede: „Richtig! Sie dürfen uns noch verhöhnen! Noch tut keiner 'n Mucks! Alle schlafen sie noch [...]" (S. 63, Z. 9f.). Wie hier auf kleinstem Raum der soziale Gegensatz auch sprachlich anschaulich wird, so erscheint auch der Kriminalkommissar mit seinem kalten, das Unglück der Situation ignorierenden Juristendeutsch als Vertreter von Staatsmacht und 'Klassenjustiz'. Der Kommissar praktiziert den abstrakten Schematismus der Gesetzesauslegung durch die Exekutive, indem er den Straftatbestand der Abtreibung (Vergehen gegen § 218) völlig aus dem sozialen Zusammenhang isoliert, den das Stück dem Zuschauer präzise vor Augen führt und der in den Repliken der verhörten Arbeiter – auch für den Kommissar – präsent gehalten wird.

3.) Die ethisch-moralische Dimension: Dr. Moeller, dessen ärztlicher Ethos je nach sozialem Stand seiner Patienten die Gesetze auszulegen erlaubt, verkörpert die hohle und doppelte Moral des Bürgertums. Diese wird auf drei Ebenen entfaltet: Zum ersten argumentiert er auf der Ebene ewiger, religiöser Wahrheiten, die, gerade weil sie von allen sozialen Faktoren der erbetenen Abtreibung abstrahieren, seinem eigenen sozialen Interesse dienen. Seine Hinweise auf „das wichtigste göttliche Gebot: Du sollst nicht töten!" (S. 35, Z. 28f.) und auf die „ewige Wahrheit [...]: ‚In Schmerzen sollst du Kinder gebären [...]'" (S. 38, Z. 13f.) entlarven dies Denken als Verschleierung, weil diese moralischen Leitsätze gegenüber der bürgerlichen Dame nicht angewendet werden. Zum zweiten argumentiert er mit spezifisch bürgerlichen Tugenden: „Auf den Menschen kommt es an [...] Auf seinen Glauben an Fleiß, Redlichkeit, Tüchtigkeit!" (S. 35, Z. 20ff.); „Härte gegen sich selbst, Verantwortungsgefühl gegenüber dem Staat [...]" (S. 35, Z. 13f.). Die Abstraktheit dieser 'Ideale' für den hungernden Arbeiter

wird durch eine rhetorische Verkehrung deutlich gemacht: Was eigentlich auf seine eigenen Formulierungen zutrifft, läßt Wolf den Arzt über Max' konkrete Situationsangaben sagen (Max [...]: Natürlich! Für euch ist Hunger keene Krankheit!! / Dr. Moeller: Schlagworte! Phrasen!" S. 35, Z. 18ff.). Diese Phrasenhaftigkeit zeigt sich auch auf der dritten Ebene: In den kulturkonservativen Äußerungen des Doktors spiegelt sich sein politisch elitäres, antidemokratisches Denken („Aber eine Errungenschaft der 'neuen Zeit' ist es, da alle Bindungen und Zügelungen zerschnitten! S. 36, Z. 32ff.; vgl. auch S. 38, Z. 11 und die entsprechende Äußerung des Kommissars S. 63, Z. 24). Der Konservativismus Moellers sieht durchaus die sozialen Fakten; seine Verschleierung durch ewige Wahrheiten wird dabei auch als Defensivakt vor potentieller Bedrohung durch die Arbeiter sichtbar; das ist m.E. der Sinn der stereotypen Moskau-Anspielungen („Moskau! Der Rubel rollt wieder! Meinen Sie, wir merken das nicht!" S. 35, Z. 35f.; vgl. auch S. 63, Z. 34).
In der indirekten Kommentierung der Ideologie des Arztes durch die Arbeiter wird nochmals deutlich, daß diese Moralvorstellungen den Bedürfnissen und der faktischen Situation der untersten Schicht nicht entsprechen: Hunger höhlt eine Norm wie Ehrlichkeit aus (vgl. S. 28, Z. 1ff.); Moral ist geldabhängig („Madame Heye: [...] Zehn Mark bei die Polizeibespitzelung heute, wo doch die ganze Moral uns auf die Hacken ist!" S. 49, Z. 9ff.); die Grundsätze der Sittlichkeit werden vom Hunger diskutiert: „[...] mit drei Millionen Blutkörperchen, da biste 'n hungriges Biest, 'n Verbrecher, mit vier Millionen biste einer, der stempeln geht, aber mit fünf Millionen Blutkörperchen, da bist du ein sittliches Wesen, ein Mensch" (S. 28, Z. 13ff.). Ausgelöst wird diese Reflexion Kuckucks durch die 'Freßorgie' nach Pauls Kantineneinbruch; die Blutkörperchen vermehren sich 'enorm', wenn der Mensch zu essen hat (vgl. S. 27, Z. 4ff.). In ihrer Decouvrierung von Moral als 'Klassenmoral' erinnert diese Passage nicht nur an Brecht, sondern auch an ‚Woyzeck'. – Schließlich erhält auch die Phrase des Arztes von der Bindungslosigkeit der 'neuen Zeit' eine fast versteckte, aber deutliche Korrektur: Die bis zur Abtreibung intakte Bindung zwischen Hete und Paul wird, mindestens momentan, dadurch entfremdet, daß Paul zu dem laienhaften Eingriff genötigt ist; Hete wiederholt immer wieder: „Ekelt's dich?!" und „Nein, Paul [...] du sollst dich nicht ekeln vor mir; dafür hab' ich dich zu lieb" (S. 45). Die Entfremdung der Personen als Konsequenz der Umstände wird dann manifest in der Bühnenanweisung: Max und Hete arbeiten bei Kuckuck „wie eine Maschine" (S. 43, Z. 13f.; S. 46; Z. 24f.).
Die im Drama auftretenden Problemdimensionen haben damit deutlich ihren Schwerpunkt im Sozialen, indem der soziale Zusammenhang selbst im Vordergrund des Abtreibungsproblems steht und indem die rechtlich-politische wie die ethische Dimension als sozial bedingte gedeutet werden.

2.5.3 Der neue Kunstbegriff: Kunst als Waffe

In der Rezeption des Stücks werden implizit, bei begeisterter wie bei ablehnender Reaktion, ästhetische Entscheidungen getroffen, die kontroverse Auffassungen von Kunst erkennen lassen. Diese wie die faktischen Wirkungen des Stücks werden abschließend zu Wolfs eigener Ästhetik in Beziehung gesetzt.

2.5.3.1 Wirkung und Rezeption des Dramas

Daß Wolfs Stück eine ungeheure Breitenwirkung hatte, belegen alle Dokumente des Materialanhangs (Editionen, S. 74ff.): Lärmszenen, Abbruch der Vorstellungen, Prügeleien, Eingreifen der Polizei, Beeinflussung der Politik der Gesetzgebung, des Reichstags, Zustimmung und Entrüstung, Bezahlung von Verhütungsmitteln durch die Krankenkassen – Theater zeigt unmittelbare Wirksamkeit nicht nur fürs Bewußtsein, sondern auch für politische Aktion.

Die Lektüre aller Materialien (als Hausaufgabe) vermittelt anschaulichen Eindruck dieser Wirkungen und zugleich ein Kaleidoskop politischer Positionen und politischer Kräfte am Ende der Weimarer Republik. Linksintellektuelle und Kommunisten, Rechte und Faschisten, Kirche und Staatsanwalt reagieren auf das Drama, die Verflechtung von literarischem, kulturellem und politischem Leben wird in der öffentlichen Diskussion sichtbar.
Um die Simultaneität kontroverser Reaktionen erkennbar zu machen, scheint es unterrichtlich sinnvoll, die verschiedenen Positionen in arbeitsteiliger Gruppenarbeit zu untersuchen (Editionen, S. 74–83 und S. 94–107). Die Untersuchungsfragen könnten lauten: Wie wird das Stück in den Rezeptionsdokumenten bewertet – auch hinsichtlich seiner Wirkung? Was wird kritisiert / positiv hervorgehoben? Welche Auffassung von Kunst / Literatur zeigt sich?
Die Linksintellektuellen (Kästner, Marcuse) befürworten die politische Wirkung des Stücks, aber sie trennen Ästhetik und Politik: Eine Theaterwirksamkeit, die es zur Mobilmachung des Publikums bringt, hat, so sehr dies politisch 'goutiert' wird, ihre ästhetische Qualität eingebüßt. Versuchte die Literaturtheorie des BPRS gerade, Kunst und Politik zusammenzuführen, so wird hier deren Unvereinbarkeit behauptet: Das politisch für sinnvoll und notwendig gehaltene Kampfstück kann es nur um den Preis seines Charakters als Dichtung geben. Eventuelle Qualitäten und ästhetische Möglichkeiten eines 'proletarisch-revolutionären' Theaters werden nicht reflektiert, wie es der BPRS mindestens mit dem Formulieren offener und zu lösender Probleme tut. Deshalb wird auch die 'ästhetische' Realisierung des Politthemas im Stück weder analysiert noch kritisiert – die Unvereinbarkeit von Kunst und Aktion bleibt bloße These.
Die Kommunisten anerkennen die Darstellung des Abtreibungsproblems als soziales Problem ebenso wie die politische Wirkung auf das Proletariat. Aber sie kritisieren, daß Wolf den politischen Weg der Revolution ausspart und den proletarischen Protagonisten das 'richtige' Klassenbewußtsein versagt. Allein die Klassenfrage, der Klassenstandpunkt entscheidet über Kunst; ästhetische Fragen werden ausgeklammert – allein der politische Inhalt gilt. Kunst, auch wenn der Begriff nicht mehr gebraucht wird, erscheint der 'Ideologie' untergeordnet.
In allen weiteren Materialien taucht die Grundstruktur Kunst vs. Politik wieder auf. In der öffentlichen Diskussion auch um den Film und den Prozeß gegen Wolf / Kienle treten die Fragen der ästhetischen Bewältigung des Stoffs völlig zurück: Der politische Gegenstand steht zur Verhandlung, nicht dessen künstlerische Vermittlung. Das spricht auch für die gesellschaftliche Wirksamkeit des Dramas, auch für den (intendierten) unmittelbaren Zusammenhang von Literatur und Politik: Der Film wird als neues massenwirksames künstlerisches Medium eingesetzt; im Prozeß wird nicht mehr das Werk durch Zensur o. ä. getroffen, sondern – wirkungsvoller – durch Verhaftung des Autors. Wie schon bei Hauptmanns ‚Webern' kommt diese Öffentlichkeit, in dialektischer Umkehrung, dem Stück und den dadurch ausgelösten politischen Aktionen zugute. Der soziale Gehalt des Stückes aber wird dabei reduziert und punktualisiert. „Wolf kämpft für die Geburtenregelung. Das ist der eigentliche Inhalt des Stückes" (S. 77, Z. 30ff.). Der soziale Kontext, seine Differenzierungen gehen bei solcher Einschränkung verloren. Daß die Mobilisierung immer noch qua Kunst und im Rahmen der Institution Kunst sich vollzieht, gerät angesichts der Brisanz des Problems aus dem Blick – das Stück wird wie ein Flugblatt oder eine agitatorische Rede rezipiert und diskutiert, ohne Nachdenken darüber, warum Wolf, um solche Wirkung zu erreichen, nicht eben ein Flugblatt oder eine Rede verfaßt hat (was er ja in der Folge auch tat; Tretjakow verhandelt nicht mehr das Stück, sondern die Sportpalastrede, vgl. S. 104f.); ohne Nachdenken infolgedessen auch darüber, warum gerade ein Theaterstück solche Wirkung zeitigt – und eben nicht ein Flugblatt. Nur Brecht (S. 82f.) verfolgt die Frage der politischen Wirksamkeit auch als eine der politischen Ästhetik. Die hat nämlich die Frage zu stellen nach den ästhetischen Mitteln politischer Aktionswirkung von Literatur und das heißt eben auch nach der ästhetischen Differenz zwischen 'Kunst als Waffe' und Flugblatt oder direkter politischer Agitation.

2.5.3.2 Wolfs Ästhetik

Vor dem Hintergrund dieser kritischen Rezeptionsanalyse wird nun die 'Progressivität' des BPRS-Programms deutlich, dem Wolf in seiner Ästhetik in vielem nahesteht und das unser Ausgangspunkt war. Denn, wie immer man das von heute aus beurteilen mag, hier wurde die Vermittlung von Kunst und Politik versucht. In der Abgrenzung zu Brechts nichtaristotelischer Dramatik (vgl. S. 82f. und S. 87ff.) werden Differenzen deutlich in der Wahl der künstlerischen Mittel (emotionaler vs. Erkenntnisaspekt; Entscheidung auf der Bühne – Entscheidung beim Zuschauer; dramatisch – episch, i.e. aristotelisch – nichtaristotelisch), – aber daß es um Kunst geht bei dem gemeinsamen Ziel, „die Menschen weiterbringen – verändern" (S. 88, Z. 27) zu wollen, steht außer jeder Frage: Die Diskussion geht um die Mittel der Bühne (vgl. S. 88, Z. 26f.), um die Kunstmittel (vgl. S. 89, Z. 31). Nur ist diese Kunst eben scharf abgegrenzt gegen Kunst als 'Bildungsgegaffe' (vgl. S. 87, Z. 2), als Hort von Ewigkeitswerten, ist die Kunst auf die aktuelle Zeit zu beziehen und in ihrer politischen Funktion zu bestimmen: „Denn *heute* sind Politik, Kunst, Fabrikarbeit und Wissenschaft, / Ein einziger Körper mit *einem* einzigen Blutsaft! –" (S. 86, Z. 15f.). Gerade unter dem Aspekt des Kunstcharakters scheint es mir sinnvoll zu sein, von der Diskussion mit Brecht (und dem Brecht-Text S. 82f.) ausgehend zu Wolfs eigener Positionsbestimmung voranzugehen. Zur Klärung seiner Theorie politischer Ästhetik sind allerdings Ergänzungen notwendig. In dem Aufsatz ‚Kunst ist Waffe', dessen Abschluß das abgedruckte 'Poem' bildet, heißt es:

„Gewiß, es ist noch lang kein Arbeiterstück, wenn in ihm unentwegt: Es lebe die Revolution! gerufen und die Internationale gesungen wird [...] Das ist höchstens eine '*Walze*', die gerade den Arbeiter sehr bald langweilt. Auch ein Arbeiterstück, *gerade dies*, muß 'gekonnt' sein. Es muß mit einem Wort *gut* sein! [...] Hierzu aber gehört, solange es eine Wortkunst gibt – man verzeihe den harten Ausdruck –, der *Dichter*! [...] Auch der Dichter ist 'Spezialist'!" (Wolf, S. 371).

Hier findet eben die Abgrenzung statt, die in der Rezeptionsanalyse gegenüber der appellativen direkten Rede als fehlend angesehen wurde. Das Gekonnte, d.h. ja wohl: die *Kunst* des politischen Kunstwerks, besteht eben darin, daß es über den bloßen Appell hinausgeht. Im selbstironisch eingeschränkten Hinweis auf den 'Dichter' als Spezialisten fordert Wolf die Beherrschung der künstlerischen Mittel. Daß Wolf hier überraschend den traditionellen Begriff 'Dichter' und nicht 'Autor', 'Literat' o.ä. verwendet, betont den Kunstcharakter von Literatur ebenso wie den Gedanken einer unter den gegebenen Verhältnissen notwendigen 'Arbeitsteilung': Die künstlerische Arbeit ist in ihrer gesellschaftlichen *Funktion* mit Politik identisch, verlangt aber den Dichter als 'Arbeiter', der sein Metier beherrscht. In seinem umfangreichen Aufsatz, ‚Schöpferische Probleme des Agitproptheaters', erarbeitet sich Wolf deshalb mit Rückblicken in die Literaturgeschichte und die Entwicklung des Agitprop seit der Novemberrevolution sein Arsenal der künstlerischen Mittel des Spezialisten 'Dichter'. Aus der Auseinandersetzung mit den Schematismen des 'Agitpropstils', eines Stils also, dessen Ziele durchaus die seinen sind, entwickelt er seine Konzeption, die das Platt-Plakative zu überwinden sucht:

„'Der' Fabrikant war ein fetter Wanst mit Zylinder auf dem Kopf, 'der' Bonze war ein fetter Spießer, er trug die Aktenmappe, 'der' Faschist hatte eine Mördervisage und war bis an die Zähne bewaffnet, 'der' Sozialdemokrat war ein vertrottelter 'Sozialfaschist', 'der' Prolet war ehrlich und verhungert.
So entstand die 'Walze' [...]" (Wolf, S. 386; vgl. auch S. 388).

Gegen diesen Schematismus des Agitpropstils, der gerade Mobilisierung verhinderte, setzt Wolf, wie auch die Analyse des Stücks gezeigt hat, Differenzierungen und eine Fortentwicklung künstlerischer Mittel. Damit kehren wir noch einmal zum Drama selbst zurück, um an einigen Beispielen die 'ästhetische Praxis' dieser Theorie zu zeigen und damit auch Lösungen der im BPRS formulierten Probleme.

2.5.3.3 Die ästhetische Praxis

Die einzige Figur in Wolfs Drama, die weder für den Handlungs-, noch den Sozialzusammenhang irgendeine erkennbare dramatische Funktion besitzt, ist der Zeitungsverkäufer Kuckuck. Zwar findet Paul bei ihm Unterschlupf, aber ohne dramatische Notwendigkeit: Der Platz ist austauschbar. Außer in der Szene bei Dr. Moeller (IV) und bei Madame Heye (VI) ist er in den anderen Szenen, die alle in der Arbeiterwelt spielen, immer anwesend, eher beiläufig. Er verkörpert ein 'episches Prinzip' im Dramenganzen: Er handelt nicht; er berichtet, indem er, als Zeitungsverkäufer zu seinem Metier gehörig, Neuigkeiten bringt. Kuckuck ist, was Wolf aus dem Agitproptheater vertraut ist: 'lebendige Zeitung' (vgl. Wolf, S. 376), 'sprechende Zeitung' (S. 373), nur ist er in die dramatische Fiktion integriert, als Figur und als Dialogpartner. Was er vermeldet, erscheint zunächst disparat, wie die Schlagzeilen der Zeitungsausrufer eben waren, konzentriert sich aber immer stärker auf eine Dokumentation der Arbeitskämpfe und Arbeitssituation via Medium Zeitung. Mit den Zeitungsmeldungen im Stück wird die Authentizität hergestellt, die auch die Funktion des Dramen-'Vorspanns' war. Dieser Sachverhalt entspricht der auch im BPRS diskutierten Möglichkeit, die traditionelle psychologisierende 'Erzählweise' der Fiktionalität durch dokumentarische Elemente wie Protokoll, Bericht, Reportage etc. zu verhindern oder zu durchbrechen (vgl. Gallas, S. 91 ff.). Inhaltlich haben Kuckucks Meldungen aber darüber hinaus die Funktion einer Kommentierung, die das individuelle Geschehen in den kollektiven Zusammenhang stellt; deutlich etwa in der Meldung: „‚Arbeitslosenkrise, ein Weltphänomen!'" (S. 15, Z. 37 f.). Dramaturgisch ist die Kuckucksfigur als episches, d.h. berichtendes und kommentierendes Element, ein künstlerisches Mittel der Dramenstrukturierung: Durch die Regelmäßigkeit seines Erscheinens wird eine durchgängige Ebene konstituiert, die Individuelles und Allgemeines, Privates und Öffentliches, Dokumentarisches und Fiktionales, Vorspann und Dramenhandlung, sowie die Einzelszenen miteinander verklammert. –

Wolf hat die künstlerischen Mittel des Agitproptheaters in seiner Studie von 1933 historisch entwickelt, reflektiert und weitergeführt. Waren kleine Szenen, Sketche, Sprechchöre, lebendige Zeitung usw. die Darstellungsformen der Laienspieltruppen des Agitprop, so plädiert Wolf nun für das Bühnenstück: zum einen, um die beschriebenen Schematisierungen zu vermeiden; zum andern, weil die emotionale und die Erkenntnisfunktion Zeit benötigen (vgl. Wolf, S. 387). Das Arbeiterstück, in vielem an Piscator orientiert, erfordert fortlaufende Handlung, Sprengung des Bühnenraums und damit Einbeziehung der Zuschauer ins Spiel (vgl. Wolf, S. 385) – und die Simultanszene, bei der fortlaufend unterschiedliche, sich ergänzende und gegenseitig 'erklärende' Handlungen simultan angeordnet sind. Die Simultanszene veranschaulicht die Doppelbödigkeit von Ereignissen (vgl. ebd.); sie hat „ihre dramaturgisch bedingte Funktion im Sinne des Lehrstücks, zugleich auch im Sinne der Realität der Handlung. Hundertfach spielten [...] Ereignisse in Wirklichkeit nebeneinander; nur wurden sie nie gleichzeitig gesehen, nie '*zusammengesehen*' [...]" (Wolf, S. 407). Eine Vorform der Simultanszene ist in ‚Cyankali § 218' m.E. die Szene bei Dr. Moeller. Zwar ist hier dramaturgisch noch nicht die Simultaneität realisiert, aber 'im Sinne der Realität der Handlung' ist für den Zuschauer das inhaltliche 'Zusammensehen' von drei Ebenen intendiert: 1. die mit Diskretion vorgenommene Abtreibung bei der 'bürgerlichen' Dame, 2. die Behandlung Maxens, 3. die Ablehnung der Abtreibung bei der 'proletarischen' Hete. Die (aufeinanderfolgende) Gleichzeitigkeit von 1. und 3. entlarvt die Doppelbödigkeit der ärztlichen Moral; Ebene 2 entfaltet, ehe Hete auftaucht, den sozialen Zusammenhang ihres eben nicht individuellen Problems. –

Ein drittes, wiederum mit der Person Kuckucks verbundenes, künstlerisches, zugleich episches Mittel des Kampfstücks ist der Song. Auch er hat seinen Ursprung im Agitproptheater; wiederum ist er aber bei Wolf stärker ins Stück integriert; wiederum akzentuiert er die allgemeine soziale Problematik als größeren Zusammenhang des Abtreibungsthemas. Wie im

‚Blutgericht‘ der ‚Weber‘ und im Großmuttermärchen des ‚Woyzeck‘ fungiert Kuckucks Song vom Heizer Christian Schulze (vgl. S. 25, 26, 29, 52) als Integrationspunkt des Dramas. Inhaltlich schildert er, durch den Refrain ironisch verfremdet, den sozialen Niedergang und die Kriminalisierung eines Arbeiters und nennt die Gründe dafür. Damit erscheint Pauls (teilweise auch Max') 'Schicksal' verallgemeinert, einer nur individuellen Deutung wird der Boden entzogen. Formal bildet der Song einen Ausdruck des Bewußtseins der Arbeiter und ihrer Solidarität (der Refrain wird von allen gemeinsam gesungen). Gleichzeitig ist er eine 'Fiktion in der Fiktion': Der Handlungsverlauf wird unterbrochen; die politische 'Applikation' hat der Zuschauer zu leisten. Durch Ton und Text entsteht „dramaturgisch eine zwingende Vereinigung der emotionalen und erkenntniserregenden Elemente“ (Wolf, S. 393).
Das exemplarische Aufzeigen künstlerischer Mittel erweist, daß 'Kunst als Waffe' gerade in der Praxis nicht auf 'Ästhetik' verzichtet, daß sich nicht Ästhetik gegen Politik ausspielen läßt. Man mag diese politische Ästhetik, die Politisierung von Literatur, man mag die dafür eingesetzten künstlerischen Mittel ablehnen – zur Diskussion sollten sie stehen. Wolfs Drama, seine explizite und implizite ästhetische Theorie wie seine Rezeption sind ein nicht unerheblicher Teil der literarischen Öffentlichkeit der Weimarer Epoche und unserer Literaturgeschichte, ohne den die Literatur der Arbeitswelt der 70er Jahre und die Politisierungstendenzen der Literatur seit 1968 historisch isoliert stünden. Sie bedeuten schließlich eine ästhetische und politische 'Radikalisierung', die in der Konsequenz sozialer Dramatik von Anbeginn liegt.

2.6 Schlußdiskussion: „Können Dichter die Welt verändern?“

Das soziale Drama will Wirklichkeit, gesellschaftliche Verhältnisse, will die Welt verändern. ‚Können Dichter die Welt verändern?‘ Der Rundfunkdialog mit Gottfried Benn von 1930 (Benn, Gesammelte Werke, Band 4. Wiesbaden: Limes 1966, S. 213ff.) bezieht, was Benn angeht, eine nicht minder radikale Gegenposition, als das soziale Drama radikale Position ist. Der Kontrast mag im Unterricht Reflexion der Unterrichtsergebnisse und Diskussion in Gang setzen – für die Schüler und für den Lehrer.

2.7 Klausurvorschläge

Die übliche und notwendige Form der Einzelszeneninterpretation kommt bei den folgenden Vorschlägen nicht vor, weil der Lehrer hierzu je nach unterrichtlicher Behandlung selber auswählen wird.

2.7.1 Ernst Fischer: Die Entfremdung

Aus der *Entfremdung* des Menschen vom Produkt seiner Arbeit und von sich selbst im Arbeitsprozeß, aus dem Hinauswachsen des Produkts über den Produzenten, aus der Verdunkelung menschlicher Beziehungen durch Sachzusammenhänge ergibt sich ein 'Verlust der Wirklichkeit'. Die Wirklichkeit als Fülle der Wechselwirkung des Menschen mit seiner Umwelt, als erlebtes und begriffenes Sein, als unzerstückelte Gesamtheit, zerbricht in eine 'Außenwelt', in der dem Menschen sein eignes Werk als etwas Fremdes, Starres, 'Entäußertes' entgegentritt, und eine 'Innerlichkeit', die sich mehr und mehr auf sich selbst zurückgeworfen empfindet. Mit der Entwicklung der kapitalistischen Welt und vor allem im Zeitalter der Monopole, der ungeheuren ökonomischen und politischen Machtapparate, der äußersten Konzentration von Kapital und Macht nimmt das negative Erlebnis der Beziehungslosigkeit, der Verlorenheit, der Einsamkeit überhand sowie das Gefühl, einer Anhäufung undurchsichtiger Dinge, einem entleerten Gehäuse von Konventionen, Klischees und Phrasen gegenüberzustehen.

(Aus: Ernst Fischer, Zeitgeist und Literatur. Europa Verlag, Wien 1964, S. 101f.).

– Erläutern Sie den Begriff 'Entfremdung' ausgehend vom Text, und stellen Sie den Sachverhalt an einer Figur aus einem sozialen Drama dar.

2.7.2

„Man kann es nicht anders ausdrücken: Kunstwerke sind [...] historisch unwirksam, praktisch folgenlos. Das ist ihre Größe."

(Gottfried Benn: Können Dichter die Welt verändern? GW, Band 4, S. 215.)

– Erörtern Sie die These Benns kritisch. Ziehen Sie dazu als Beispiel ein soziales Drama Ihrer Wahl heran.

2.7.3

„Geht es nicht schlechthin darum, daß man die eigene Gegenwart durch die Geschichte in irgendeiner Art bewältigt? Daß man sie entweder kritisiert oder Widersprüche herausarbeitet oder auch Utopien?"

(Klaus L. Berghahn im Gespräch mit dem zeitgenössischen Dramatiker Heiner Müller; in: Basis 6. 1976, S. 53.)

– Erörtern Sie diese Fragen mit Beispielen aus sozialen Dramen.

2.7.4

Vergleichen Sie zwei Personen aus Lenz' ‚Soldaten' und Büchners ‚Woyzeck':

a) Pirzel und Hauptmann

oder

b) Mariane und Marie.

Beachten Sie dabei deren 'Sozialzusammenhang' und deren Redeweise/Sprache.

2.7.5

Stellen Sie die Positionen von Julius Hart und O. A. (Editionen: Hauptmann ‚Die Weber', S. 34 und 35) zu Hauptmanns ‚Webern' dar, und nehmen Sie Stellung.

2.7.6

Vergleichen Sie das Großmuttermärchen in Büchners ‚Woyzeck' mit dem Sterntalermärchen der Brüder Grimm (Urfassung der Märchen, hrsg. von Friedrich Panzer. Wiesbaden o. J., S. 276).

Welche Funktion hat das Märchen für den Dramenzusammenhang?

Das arme Mädchen

Es war einmal ein armes, kleines Mädchen, dem war Vater und Mutter gestorben, es hatte kein Haus mehr, in dem es wohnen, und kein Bett mehr, in dem es schlafen konnte, und nichts mehr auf der Welt, als die Kleider, die es auf dem Leib trug, und ein Stückchen Brod in der Hand, das ihm ein Mitleidiger geschenkt hatte; es war aber gar fromm und gut. Da ging es hinaus, und unterwegs begegnete ihm ein armer Mann, der bat es so sehr um etwas zu essen, da gab es ihm das Stück Brod; dann ging es weiter, da kam ein Kind, und sagte: „es friert mich so an meinem Kopf, schenk mir doch etwas, das ich darum binde", da thät es seine Mütze ab und gab sie dem Kind. Und als es noch ein bischen gegangen war, da kam wieder ein Kind, und hatte kein Leibchen an, da gab es ihm seins; und noch weiter, da bat eins um ein Röcklein, das gab es auch von sich hin, endlich kam es in Wald, und es war schon dunkel geworden, da kam noch eins und bat um ein Hemdlein, und das fromme Mädchen dachte: es ist dunkle Nacht, da kannst du wohl dein Hemd weggeben, und gab es hin. Da fielen auf einmal die Sterne vom Himmel und waren lauter harte, blanke Thaler, und ob es gleich sein Hemdlein weggegeben, hatte es doch eins an, aber vom allerfeinsten Linnen, da sammelte es sich die Thaler hinein und ward reich für sein Lebtag.

2.7.7
'Gedanken zum sozialen Drama heute'.
Schreiben Sie einen Essay über die Aktualität/Nichtaktualität der ‚Soldaten' von Lenz oder des ‚Cyankali'-Stücks von Wolf (oder: ...), der im Theaterprogrammheft zu einer heutigen Inszenierung stehen könnte.

2.7.8
Erfinden Sie eine Person für ein modernes soziales Drama. Formulieren Sie eine 'Rollenbiographie', in der Sie Lebensumstände, innere und äußere Haltung, Sozialbezüge, Konfliktbereiche und die Sprechweise der Figur charakterisieren.

Literaturnachweise

Zu 1

Theodor W. Adorno: Ästhetische Theorie. Gesammelte Schriften, 7, hrsg. von Gretel Adorno und Rolf Tiedemann. Suhrkamp, Frankfurt a.M. 1970.

Bernd Asmuth: Einführung in die Dramenanalyse. Metzler, Stuttgart [2]1984 (Sammlung Metzler, 188).

Elise Dosenheimer: Das deutsche soziale Drama von Lessing bis Sternheim (1949). Wissenschaftliche Buchgesellschaft, Darmstadt 1967.

Karl S. Guthke: Das deutsche bürgerliche Trauerspiel. Metzler, Stuttgart [4]1984 (Sammlung Metzler, 116).

Walter Hinck: Zur Poetik des Geschichtsdramas. In: W. Hinck (Hrsg.): Geschichte als Schauspiel. Deutsche Geschichtsdramen. Interpretationen. Suhrkamp, Frankfurt a.M. 1981 (st 2006). Einleitung, S. 7ff.

Werner Keller: Drama und Geschichte. In: W. Keller (Hrsg.): Beiträge zur Poetik des Dramas. Wissenschaftliche Buchgesellschaft, Darmstadt 1976, S. 298ff.

Volker Klotz: Geschlossene und offene Form im Drama. Hanser, München [5]1970.

Peter Szondi: Theorie des modernen Dramas. Suhrkamp, Frankfurt a.M. [6]1969 (es 27).

Klaus Weimar: 'Bürgerliches Trauerspiel'. Eine Begriffserklärung im Hinblick auf Lessing. In: DVJs 51, 1977, S. 208ff.

Klaus Ziegler: Das deutsche Drama der Neuzeit. In: Deutsche Philologie im Aufriß, Sp. 1977ff.

Zur Theorie des sozialistischen Realismus. Hrsg. vom Institut für Gesellschaftswissenschaften beim ZK der SED. Dietz, Berlin 1974.

Zu 2.2

Gerhart Hauptmann: Die Weber. Vollständiger Text des Schauspiels und Dokumentation. Hrsg. von Hans Schwab-Felisch. Ullstein, Frankfurt a.M./Berlin 1963 (Ullstein-Buch Nr. 3901).

Materialien zu Gerhart Hauptmann: ‚Die Weber'. Ausgewählt und eingeleitet von Siegfried Hein. Klett, Stuttgart 1982 (Editionen für den Literaturunterricht).

Roy C. Cowen: Der Naturalismus. Kommentar zu einer Epoche. Winkler, München [2]1973.

Karin Gafert: Die Soziale Frage in Literatur und Kunst des 19. Jahrhunderts. Ästhetische Politisierung des Weber-Stoffes Band 1. Scriptor, Kronberg i.Ts. 1973.

Joachim Hintze: Der Raum im naturalistischen Drama. Eine Skizze zu den frühen Arbeiten Gerhart Hauptmanns. In: W. Keller (Hrsg.): Beiträge zur Poetik des Dramas. Wissenschaftliche Buchgesellschaft, Darmstadt 1976, S. 30ff.

Jürgen Jacobs: Gerhart Hauptmanns ‚Weber': Historien- und Zeit-Stück. In: Walter Hinck (Hrsg.); Geschichte als Schauspiel. Suhrkamp, Frankfurt a.M. 1981 (st 2006), S. 227ff.

Lutz Kroneberg: Die Weber. Schauspiel aus den vierziger Jahren. Von Gerhart Hauptmann. In: Harro Müller-Michaels (Hrsg.): Deutsche Dramen. Band 2: Von Hauptmann bis Botho Strauß. Athenäum, Königstein i. Ts. 1981 (Athenäum Tb 2163), S. 3ff.

Günther Mahal: Naturalismus. Fink, München 1975 (UTB 363).

Sprengel: Briefwechsel: Otto Brahm – Gerhart Hauptmann. Briefwechsel 1889–1912. Hrsg. von Peter Sprengel. Gunter Narr, Tübingen 1985 (Deutsche Textbibliohek, Band 6).

Peter Sprengel: Gerhart Hauptmann. Epoche – Werk – Wirkung. Beck, München 1984 (Beck'sche Elementarbücher; Arbeitsbücher zur Literaturgeschichte).

Peter Szondi: Theorie des modernen Dramas. Suhrkamp, Frankfurt a.M. ^{6}1969 (es 27).

Zu 2.3

Georg Büchner: Woyzeck. Mit Materialien, hrsg. von Thomas Kopfermann und Hartmut Stirner. Klett, Stuttgart 1979 (Editionen für den Literaturunterricht).

Georg Büchners Woyzeck. Die Geschichte des Franz Woyzeck zweimal erzählt. Hrsg. vom Württembergischen Staatstheater Stuttgart, 1976 (Programmbuch Nr. 17).

Georg Büchner: Sämtliche Werke und Briefe. Historisch-kritische Ausgabe mit Kommentar. Hrsg. von Werner R. Lehmann. Hanser, Müchen 1974.

Thomas Michael Mayer (Hrsg.): Georg Büchner. Leben, Werk, Zeit. Ausstellungskatalog zum 150. Jahrestag des ‚Hessischen Landboten'. Jonas, Marburg 1985.

Joachim Bark: Biedermeier-Vormärz/Bürgerlicher Realismus. Klett, Stuttgart 1984 (Geschichte der deutschen Literatur, Band 3).

Hiltrud Gnüg: Georg Büchner. In: Walter Hinck (Hrsg.): Handbuch des deutschen Dramas. Bagel, Düsseldorf 1980, S. 286ff.

Walter Hinderer: Büchner-Kommentar zum dichterischen Werk. Winkler, München 1977.

Gerhard Jancke: Georg Büchner, Genese und Aktualität seines Werks. Athenäum, Königstein i. Ts. ^{3}1979.

Ernst Johann: Georg Büchner in Selbstzeugnissen und Bilddokumenten. Rowohlt, Hamburg 1958 (rm 18).

Gerhard P. Knapp: Georg Büchner. Metzler, Stuttgart ^{2}1984 (Sammlung Metzler 159).

Helmut Krapp: Der Dialog bei Georg Büchner. Gentner, Darmstadt 1958 (ab 1959 Hanser, München).

Literatur des Vormärz. Hrsg. vom Kollektiv für Literaturgeschichte. Volk und Wissen, Berlin ^{8}1965 (Erläuterungen zur deutschen Literatur).

Hans Mayer: Georg Büchner und seine Zeit. Suhrkamp, Frankfurt a.M., Neuauflage 1972 (st 58).

Albert Meier: Georg Büchner, ‚Woyzeck'. Fink, München 1980 (UTB 975).

Herbert Schnierle: Georg Büchner – Leben und Werk. Klett, Stuttgart 1986 (Editionen).

Benno von Wiese: Die deutsche Tragödie von Lessing bis Hebbel. Hoffmann und Campe, Hamburg ^{8}1973.

Dosenheimer und Klotz s. Literatur zu 1.

Zu 2.4

Jakob Michael Reinhold Lenz: Die Soldaten. Mit Materialien. Ausgewählt und eingeleitet von Udo Müller. Klett, Stuttgart 1980 (Editionen).

Heinar Kipphardt: Die Soldaten nach J. M. R. Lenz. Bearbeitung. Suhrkamp, Frankfurt a.M. 1968 (es 273).

Lenz: Werke in einem Band. Auswahl von Helmut Richter, Einleitung von Rosalinde Gothe. Aufbau, Berlin und Weimar 1972.

Helmut Arntzen: Die ernste Komödie. Das deutsche Lustspiel von Lessing bis Kleist. Nymphenburger, München 1968 (Sammlung Dialog); über ‚Die Soldaten', S. 95ff.

Karl S. Guthke: Lenzens ‚Hofmeister' und ‚Soldaten'. Ein neuer Formtypus in der Geschichte des deutschen Dramas. In: Wirkendes Wort 9, 1959, S. 274ff.

Theo Herold/Hildegard Wittenberg: Aufklärung/Sturm und Drang. Klett, Stuttgart 1983 (Geschichte der deutschen Literatur, Band 1).

Walter Höllerer: Lenz. Die Soldaten. In: Benno von Wiese (Hrsg.): Das deutsche Drama. Vom Barock bis zur Gegenwart. Band 1. Bagel, Düsseldorf 1968, S. 128ff.

Herbert Haffner: Lenz ‚Der Hofmeister', ‚Die Soldaten': mit Brechts ‚Hofmeister'-Bearbeitung und Materialien. Oldenbourg, München 1979.